# SOP
# GUISADOS
# E CHILLI

## 100 RECEITAS DELICIOSAS PARA TODAS AS ESTAÇÕES

### LEONARDO FERIA

# ÍNDICE

## CONCLUSÃO........................................................................................ 291

# INTRODUÇÃO

## O que é sopa?

A sopa, vagamente, é um prato à base de líquido onde ingredientes como vegetais, carnes ou legumes (ou qualquer combinação dos três) são fervidos em água, caldo ou caldo para combinar e realçar os favores do prato. Existem muitos tipos de sopas, desde sopa cremosa até purê de abóbora, mas a principal característica da sopa é que há muito líquido. Você sabe que tem sopa se tiver que ser comida com uma colher e servida em uma tigela ou xícara. Ou uma tigela de pão caseiro.

## O que é guisado?

O ensopado é um prato onde pedaços maiores de carne e legumes são parcialmente cobertos, mas não flutuando, em um líquido de cozimento e depois fervidos até que os ingredientes estejam macios e o líquido tenha engrossado. O líquido de cozimento pode ser caldo ou caldo, como uma sopa, ou algo mais rico como vinho, cerveja ou suco de tomate. E, embora a maioria dos ensopados inclua pedaços de carne, também pode ser vegetariano. Este ensopado de lentilha cozida lentamente é um ótimo exemplo.

## O que é pimenta?

O pimentão tradicional é um tipo de ensopado picante que normalmente contém carne moída e pimenta em pó, além de feijão e tomate. Há uma tonelada de variação quando se trata de chili, mas você pode diferenciá-lo de outros ensopados pelo uso pesado de chilis frescos e / ou pimenta em pó - como este autêntico chili com carne, por exemplo.

# GUISADOS

# 1. Ensopado de feijão e chouriço

Porções: 3

**Ingredientes:**

- 1 cenoura (picada)
- 3 colheres de azeite
- 1 cebola de tamanho médio
- 1 pimentão vermelho
- 400g de favas secas
- 300 gramas de chouriço
- 1 pimentão verde
- 1 xícara de salsa (picada)
- 300g de tomate (picado)
- 2 xícaras de caldo de galinha
- 300 gramas de coxas de frango (filés)
- 6 dentes de alho
- 1 batata média (cortada em cubos)
- 2 colheres de tomilho
- 2 colheres de sal a gosto
- 1 colheres de pimenta

**instruções:**

a) Em uma panela, despeje o óleo vegetal. Jogue na cebola. Deixe 2 minutos de fritura em fogo médio.

b) Em uma tigela grande, misture o alho, a cenoura, o pimentão, o chouriço e as coxas de frango. Deixe 10 minutos para cozinhar.

c) Junte o tomilho, o caldo de galinha, o feijão, a batata, os tomates, a salsa e tempere a gosto com sal e pimenta.

d) Cozinhe por 30 minutos, ou até o feijão ficar macio e o ensopado engrossar.

## 2. Caldo de peixe

Porções: 8

## Ingredientes:

- 32 onças. pode tomate em cubos
- 2 colheres de azeite
- $\frac{1}{4}$ xícara de aipo picado
- $\frac{1}{2}$ xícara de caldo de peixe
- $\frac{1}{2}$ xícara de vinho branco
- 1 xícara de suco V8 picante
- 1 pimentão verde picado
- 1 cebola picada
- 4 dentes de alho picados
- Sal a pimenta a gosto
- 1 colher de chá de tempero italiano
- 2 cenouras descascadas e fatiadas
- 2 $\frac{1}{2}$ kg de tilápia cortada
- $\frac{1}{2}$ libra de camarão descascado e limpo

## instruções:

a) Em sua panela grande, aqueça o azeite primeiro.

b) Cozinhe o pimentão, a cebola e o aipo por 5 minutos em uma frigideira quente.

c) Depois disso, adicione o alho. Cozinhe por 1 minuto depois disso.

d) Em uma tigela grande, misture todos os ingredientes restantes, exceto os frutos do mar.

e) Cozinhe o ensopado por 40 minutos em fogo baixo.

f) Adicione a tilápia e o camarão e mexa para combinar.

g) Cozinhe por mais 5 minutos.

h) Prove e ajuste os temperos antes de servir.

## 3. Ensopado de coelho em tomate

Porções: 5

**Ingredientes:**

- 1 coelho inteiro, cortado em pedaços

- 1 folha de louro

- 2 cebolas grandes

- 3 dentes de alho

- 2 colheres de azeite

- 1 colher de sopa de páprica doce

- 2 ramos de alecrim fresco

- 1 lata de tomate

- 1 ramo de tomilho

- 1 xícara de vinho branco

- 1 colheres de sal

a) 1 colheres de pimenta

**instruções:**

a) Em uma frigideira, aqueça o azeite em fogo médio-alto.

b) Pré-aqueça o óleo e adicione os pedaços de coelho. Frite até que os pedaços estejam uniformemente dourados.

c) Remova-o assim que terminar.

d) Adicione a cebola e o alho na mesma panela. Cozinhe até ficar completamente macio.

e) Em uma tigela grande, misture o tomilho, páprica, alecrim, sal, pimenta, tomate e folha de louro. Deixe 5 minutos para cozinhar.

f) Misture os pedaços de coelho com o vinho. Cozinhe, tampado, por 2 horas, ou até que os pedaços de coelho estejam cozidos e o molho tenha engrossado.

g) Sirva com batatas fritas ou torradas.

## 4. Legumes de caju estufados

Porções: 3

## INGREDIENTES:

1 ½ xícara de floretes de brócolis

1 ½ xícara de floretes pequenos de couve-flor

2 colheres de azeite

1 cebola grande fatiada

1/4 colher de chá de gengibre fresco, ralado

2 dentes de alho, picados

Pitada de sal

Pique pimenta preta

2 xícaras de caldo de legumes

1 colher de chá de cominho em pó

1 colher de chá de pimenta caiena

1 colher de sopa de suco de limão, espremido na hora

1 colher de chá de raspas de limão frescas, raladas

1 libra de caju

## INSTRUÇÕES:

Em uma panela grande, aqueça o azeite e refogue a cebola por cerca de 3-4 minutos.

Adicione o alho, gengibre e especiarias e refogue por cerca de 1 minuto.

Leve ao fogo com 1 xícara de caldo.

Adicione os legumes e ferva novamente.

Cozinhe, mexendo periodicamente, por 15 a 20 minutos com a tampa.

Retire do fogo depois de adicionar o suco de limão.

Sirva quente com castanha de caju e raspas de limão.


**NUTRIÇÃO:**Calorias: 425| Gordura: 32g | Carboidratos: 27,6g | Fibra: 5,2g | Açúcares: 7,1g | Proteína: 13,4g

## 5. Ensopado de Lentilha de Quinoa

Porções: 6

## INGREDIENTES:

1 colher de óleo de coco

1 cebola amarela, picada

4 dentes de alho, picados

3 talos de aipo

3 cenouras, descascadas e picadas

4 xícaras de tomates picados

1 xícara de lentilhas vermelhas, lavadas e escorridas

$\frac{1}{2}$ xícara de quinoa seca, lavada e escorrida

1 colher de chá de pimenta vermelha em pó

5 xícaras de caldo de legumes

2 xícaras de espinafre fresco, picado

Sal e pimenta preta moída

$1\frac{1}{2}$ colheres de chá de cominho em pó

## INSTRUÇÕES:

Em uma frigideira, aqueça o azeite e refogue o aipo, a cebola e a cenoura por cerca de 4-5 minutos.

Refogue por cerca de 1 minuto depois de adicionar o alho.

Leve ao fogo os demais ingredientes, exceto o espinafre.

Reduza o fogo para baixo e cozinhe, tampado, por cerca de 20 minutos.

Cozinhe por 3-4 minutos depois de adicionar o espinafre.

Acerte o sal e a pimenta preta e retire do fogo.

# 6. Carne de porco estufada e batata doce roxa

Rendimento: 1 porções

## Ingrediente

- $\frac{3}{4}$ libras de lombo de porco desossado; corte em 1 pedaços

- 1 essência de esmeril

- 2,00 colheres de sopa de azeite

- 1,00 xícara de cebola picada

- $\frac{1}{2}$ xícara de pimentão picado

- $\frac{1}{4}$ xícara de aipo picado

- 1 sal; provar

- 1 pimenta preta moída na hora; provar

- 2,00 colheres de farinha

- 1,00 kg de batata doce roxa; descascado, em cubos

- 2,00 xícaras de caldo de vitela

- $\frac{1}{4}$ xícara de cebolinha verde picada

- 1,00 xícara de batata doce ralada

- 2,00 colheres de cebolinha verde picada

- 1,00 colher de sopa de pimentão brunoise

Em uma tigela, misture os pedaços de carne de porco com a Essência de Emeril. Em uma frigideira grande, aqueça o azeite. Quando o óleo estiver quente, adicione a carne de porco e doure uniformemente. Retire a carne de porco da panela e reserve. Em uma tigela, tempere as cebolas, pimentões e aipo com sal e pimenta. Mexa a farinha no óleo, mexendo sempre por cerca de 4 a 5 minutos, para um roux marrom médio. Adicione as cebolas, pimentões e aipo ao roux e cozinhe por cerca de 2 a 3 minutos ou até murchar um pouco. Retorne a carne de porco para a frigideira e cozinhe, mexendo sempre por 3 a 4 minutos. Adicione a batata doce e o caldo.

Leve o líquido até ferver e reduza para ferver. Cozinhe por 40 a 45 minutos. Junte a cebolinha verde e verifique os temperos. Faça ninhos com batata-doce ralada e frite até ficar crocante. Tempere com a Essência. Coloque o ensopado em uma tigela rasa e decore com ninhos de batata-doce, cebolinha e pimentão. Essa receita rende?? receitas.

# 7. ensopado armênio

Rendimento: 4 porções

Ingrediente

- 1 $\frac{1}{2}$ xícara de damascos secos embebidos em
- $\frac{1}{2}$ xícara de água por 1 hora.
- $\frac{1}{2}$ xícara de grão de bico seco embebido
- Pernoite na Água
- 5 xícaras de água
- 1 xícara de Lentilhas
- 3 Cebolas Fatiadas
- 2 colheres de sopa de xarope de malte ou melaço

a) em uma panela grande, ferva os damascos demolhados e sua água. adicione o grão de bico demolhado e escorrido e 1 C. de água. Leve ao fogo e cozinhe por 30 minutos.

b) Adicione as lentilhas, cebolas e 4 C. Água na panela. Leve para ferver.

c) Abaixe o fogo, tampe e cozinhe cerca de 2 horas até que os Garbanzos estejam macios.

d) Adicione o xarope de malte. Misture bem. Sirva Sobre Arroz Integral.

## 8. Ensopado de frutos do mar Baja

Rendimento: 6 porções

Ingrediente

- ½ xícara de Cebola; Picado, 1 Médio
- ½ xícara de Chiles Verdes; Picado
- 2 unidades Dentes de Alho; Finamente Picado
- ¼ xícara de azeite
- 2 copos de Vinho Branco; Seco
- 1 colher de sopa de casca de laranja; Grato
- 1 ½ xícara de suco de laranja
- 1 colher de açúcar
- 1 colher de sopa de coentro; Fresco, Recortado
- 1 colher de chá de folhas de manjericão; Seco
- 1 colher de sal
- ½ colher de chá de pimenta
- ½ colher de chá de folhas de orégano; Seco
- 28 onças de tomates de ameixa italianos
- 24 unidades Amêijoas de casca mole; Esfregado

- 1½ kg de camarão; Cru, Descascado, Med.

- 1 quilo de peixe

- 6 onças de carne de caranguejo; Congeladas

a) Cozinhe e mexa a cebola, as pimentas e o alho no óleo no forno holandês de 6 litros até a cebola ficar macia. Misture os ingredientes restantes, exceto frutos do mar.

b) Calor à ebulição; reduzir o calor. Cozinhe descoberto por 15 minutos. Adicione amêijoas; tampe e cozinhe até as amêijoas abrirem, 5 a 10 minutos. (Descarte as amêijoas que não abriram.)

c) Misture cuidadosamente o camarão, o peixe e a carne de caranguejo. Calor à ebulição; reduzir o calor. Cubra e cozinhe até que os camarões estejam rosados e o peixe se desfaça facilmente com um garfo, de 4 a 5 minutos.

# 9. Cozido de aspargos e cogumelos

Rendimento: 4 porções

Ingrediente

- ⅓onça de cogumelos porcini secos

- 1 colher de óleo

- 3 dentes de alho; picado

- ½ kg de Cogumelos; portobello ou shitake, picado

- ½ xícara de xerez

- ½ colher de chá de sal

- 1 quilo de lança de aspargos; 1" diagonais

- 1 pimentão vermelho médio; juliana

- 1 colher de chá de amido de milho dissolvido em

- 1 colher de água

- 1 colher de chá de vinagre de vinho tinto

- Sal e pimenta; provar


a) Coloque os cogumelos secos em uma tigela pequena à prova de calor e cubra com água fervente. Deixe de molho 15 minutos. Enquanto isso, em uma frigideira grande, aqueça o óleo em fogo médio.

b) Adicione o alho e os cogumelos frescos e cozinhe, mexendo sempre, até os cogumelos ficarem macios. Adicione o xerez, o sal e o líquido dos cogumelos. Adicione os aspargos, o pimentão e os cogumelos secos. Cozinhe, descoberto até que os aspargos estejam macios, cerca de 7 minutos. Adicione o amido de milho dissolvido e o vinagre. Leve a mistura para ferver e cozinhe até engrossar um pouco, cerca de 30 segundos.

c) Sirva a mistura de aspargos sobre a receita de quinoa com ervas.

# 10. Ensopado de carne e tequila

Rendimento: 6 porções

Ingrediente

- 2 quilos de carne

- $\frac{1}{4}$ xícara de farinha sem fermento

- $\frac{1}{4}$ xícara de óleo vegetal

- $\frac{1}{2}$ xícara de Cebola; Picado, 1 Médio

- 2 unidades de bacon; Fatias, Corte

- $\frac{1}{4}$ xícara de Cenoura; Picado

- $\frac{1}{4}$ xícara de aipo; Picado

- $\frac{1}{4}$ xícara de tequila

- $\frac{3}{4}$ xícara de suco de tomate

- 2 colheres de sopa de coentro; Fresco, Recortado

- $1\frac{1}{2}$ colher de chá de sal

- 15 onças de grão de bico; 1 lata

- 4 xícaras de tomates; Picado, 4 Médios

- 2 unidades Dentes de Alho; Finamente Picado

a) Cubra a carne com farinha.

b) Aqueça o óleo em uma frigideira de 10 polegadas até ficar quente. Cozinhe e mexa a carne no óleo em fogo médio até dourar.

c) Retire a carne com escumadeira e escorra. Cozinhe e mexa a cebola e o bacon na mesma frigideira até que o bacon fique crocante. Junte a carne e os demais ingredientes. calor à ebulição; reduzir o calor. Cubra e cozinhe até a carne ficar macia, cerca de 1 hora.

# 11. Ensopado de Cordeiro Irlandês

## Ingredientes:

- 1-1½ kg ou 3,5 lbs pescoço ou ombro de cordeiro

- 3 cebolas grandes, finamente picadas

- Sal e pimenta preta moída na hora

- 3-4 cenouras cortadas em pedaços pequenos

- 1 alho-poró, picado em pedaços pequenos

- 1 nabo/nabo/rutabaga pequeno, picado em pedaços pequenos

- 10 batatas novas pequenas, descascadas e cortadas em quatro, ou 2 batatas grandes, descascadas e picadas

- 1/4 de um repolho pequeno, picado

- Buquê de salsa, tomilho e louro - amarre-o com um barbante que você pode deixar

- Dash de molho Worcestershire

## Instruções:

a) Você pode pedir ao seu açougueiro para cortar a carne do osso e aparar a gordura, mas mantenha os ossos ou faça isso em casa. Retire a gordura e corte a carne em cubos. Coloque a carne em uma panela cheia de água fria com sal e deixe ferver com a carne. Assim que ferver, retire do fogo e escorra, lave o cordeiro para remover qualquer resíduo.

b) Enquanto estiver fervendo, coloque os ossos, cebolas, legumes, mas não as batatas ou o repolho em uma panela nova. Adicione o tempero e o buquê de ervas e cubra com água fria. Quando a carne for lavada, adicione-a a esta panela e cozinhe por uma hora. Você precisará remover a espuma de vez em quando.

c) Na marca de uma hora, adicione as batatas e continue a cozinhar o ensopado por 25 minutos. Adicione as batatas e continue cozinhando por 25 minutos. Adicione o repolho durante os últimos 6-7 minutos de cozimento.

d) Quando a carne estiver macia e desmanchando retire os ossos e o buquê de ervas. Neste ponto prove o ensopado e depois adicione o molho inglês a gosto e sirva em seguida.

## 12. Sopa Irlandesa de Frutos do Mar

## Ingredientes:

- 4 filés de pescada pequenos em torno de 1lb/500g

- 2 filés de salmão como acima

- 1 pedaço de peixe defumado em torno de 1/2lb/250g

- 1 colher de óleo vegetal

- 1 colher de manteiga

- 4 batatas

- 2 cenouras

- 1 cebola

- 500mls / 2,25 xícaras de caldo de peixe ou frango

- 2 colheres de dill seco

- 250mls/ 1 xícara de creme

- 100ml/1/2 xícara de leite

- 4 colheres de sopa de cebolinha picada

## Instruções:

a) Pegue as batatas e descasque-as e corte-as em cubos pequenos. Com a casca da cenoura e pique em cubos menores que as batatas.

43

b) Retire a pele do peixe, se houver, e pique em pedaços grandes, pois ela se desmanchará no cozimento.

c) Coloque o óleo e a manteiga em uma panela funda e refogue suavemente a cebola, a batata, o endro e a cenoura por cerca de 5 minutos. Despeje o caldo na panela e leve ao fogo brando por 1 minuto.

d) Tire a tampa da panela e adicione o creme de leite e o leite e depois o peixe. Cozinhe suavemente (não ferva) até que o peixe esteja cozido.

e) Sirva com uma guarnição de salsa e um pouco do seu pão de trigo caseiro.

# 13. Ensopado de carne com cerveja preta irlandesa

## Ingredientes:

- 2 colheres de sopa. óleo

- 1 kg de bife de costela bem aparado e cortado em cubos

- 2 cebolas, em fatias finas

- 2 dentes de alho, picados

- 1 Colher de Sopa. açúcar mascavo escuro macio

- 1 colher de farinha simples

- 125ml de Guinness

- 125ml de água

- Raminho de tomilho

- 1 colher de sopa de vinagre de vinho tinto

- 1 colher de sopa de mostarda tipo Dijon

- Pitada de cravo moído

- Sal e pimenta preta

- 1kg de batatas descascadas e em pedaços médios

- 250g de repolho picado

- 100ml de leite

- 100g de manteiga

- Sal e pimenta preta moída na hora

**Instruções:**

a) Pré-aqueça o forno a 160°C (325°F). Enquanto isso está aquecendo, despeje um pouco de óleo em uma frigideira e doure a carne, certifique-se de que cada pedaço esteja selado em todos os lados.

b) Retire a carne e reserve, em seguida, adicione a cebola e o alho e cozinhe por alguns minutos, em seguida, polvilhe a farinha e o açúcar. Misture bem para absorver todo o suco da panela e adicione gradualmente sua Guinness mexendo sempre.

c) Quando estiver bem incorporado e homogêneo, adicione o vinagre, a mostarda, o cravo, os temperos e o tomilho e deixe ferver. Coloque a carne em uma caçarola e, em seguida, adicione-a ao prato.

d) Coloque uma tampa na caçarola e cozinhe no forno por 1 1/2 horas até que a carne esteja macia.

e) Adicione o tomilho, vinagre de vinho, mostarda, cravo moído e temperos; deixe ferver e despeje sobre a carne na caçarola. Coloque a tampa e leve ao forno por 1 hora e meia ou até a carne ficar macia. Cerca de 20 minutos antes do final do tempo de cozimento, adicione o repolho e as batatas à caçarola e continue a cozinhar.

47

f) Sirva quando a carne estiver macia, como variação você pode deixar de fora as batatas e servi-las amassadas com o ensopado derramado por cima.

# 14. Ensopado de frango com bolinhos

Serve 4 porções

Ingredientes

- 1 frango cortado em 8 pedaços
- 15g/. oz (2 colheres de sopa) de farinha simples (para todos os fins)
- 2 colheres (sopa) de óleo de canola
- 15g/. oz (1 colher de sopa) de manteiga
- 1 cebola, picada
- 4 folhas de sálvia
- um raminho de alecrim e tomilho
- 2 cenouras, picadas
- 250 ml/8 fl oz (1 xícara) de cidra (cidra forte)
- 1 litro/34 fl oz (4 xícaras) de frango
- caldo (caldo)
- 1 colher de chá de sal marinho
- pimenta preta moída na hora
- salsa de folhas planas picadas, para guarnecer Para os bolinhos

- 350 g/12 oz (2 xícaras) de farinha de trigo (para todos os fins), peneirada

- 50 g/2 oz (4 colheres de sopa) de manteiga fria, ralada

- 1 colher de chá de fermento em pó

- 350 ml/12 fl oz (1. xícaras) de leite

- sal marinho

Método

a) Tempere os pedaços de frango com todo o sal e um pouco de pimenta e passe na farinha.

b) Aqueça o óleo em fogo médio-alto em uma panela grande de fundo grosso ou caçarola (forno holandês) e frite os pedaços de frango, em lotes, por cerca de 5 minutos até dourar. Coloque o frango de lado e limpe a panela.

c) Derreta a manteiga na panela e adicione a cebola, sálvia, alecrim e tomilho. Frite por 3-4 minutos até que a cebola esteja macia e adicione a cenoura. Deglaceie a panela com a cidra e leve ao fogo.

d) Retorne o frango e os sucos para a panela e cubra com o caldo (caldo). Cozinhe em fogo médio-baixo por cerca de 25 a 30 minutos até que o frango esteja cozido sem sinais de rosa e os sucos fiquem claros.

e) Enquanto isso, para fazer os bolinhos, misture a farinha e a manteiga em uma tigela com o fermento e o sal. Adicione o leite para fazer uma massa solta. Adicione colheres de sopa da mistura de bolinhos à panela com o frango nos últimos 5 a 10 minutos do tempo de cozimento, virando os bolinhos na metade para que cozinhem dos dois lados.

f) Adicione a salsinha e sirva.

# SOPAS

# 15. Sopa de abóbora e feijão

Rendimento: 4 porções

Ingredientes:

- 1 abobrinha média
- 1 colher de azeite
- 1 cebola doce média, em cubos
- 2 dentes de alho, picados
- 4 xícaras de caldo de legumes com baixo teor de sódio
- 1/4 colher de chá de pimenta preta
- 1/4 colher de chá de noz-moscada moída
- 1/8 colher de chá de sal
- 1 lata de 15 onças de feijão branco com baixo teor de sódio, escorrido e enxaguado

Instruções:

a) Prepare a abóbora aparando as pontas e descascando. Retire as sementes depois de cortar ao meio. Separe a abóbora cortada em cubos pequenos.

b) Em uma panela grande com laterais altas, aqueça o azeite. Refogue a cebola e o alho por 3-4 minutos, ou até ficarem macios.

c) Combine a abóbora, feijão branco e caldo de legumes em uma tigela grande. Leve ao fogo, tampado.

d) Reduza o fogo para baixo e cozinhe por 15-20 minutos. Tempere com sal, pimenta e noz-moscada.

e) Retire do fogo e reserve por 10 minutos para esfriar. Despeje metade da sopa no liquidificador e remova a parte central da tampa para permitir que o vapor escape. Misture até ficar completamente liso.

f) Repita com a metade restante da sopa e misture tudo. Sirva e divirta-se!

# 16. Sopa de coco com batata doce

Rendimento: 4 porções

Ingredientes:

- 1 1/2 colher de sopa de azeite, dividido

- 1 cebola Vidalia pequena, em cubos

- 3 dentes de alho, picados

- 1 batata doce grande, descascada e cortada em cubos

- 2 colheres de caril em pó

- 1/4 colher de chá de sal

- 1/4 colher de chá de pimenta preta

- 1/8 colher de chá de pimenta caiena (opcional)

- 3 xícaras de bebida de leite de coco, sem açúcar

- 1 xícara de grão de bico com baixo teor de sódio, escorrido e enxaguado

- 1/4 colher de chá de alho em pó

- 1/4 colher de chá de cebola em pó

- 1/4 colher de chá de páprica

Instruções:

a) Em uma panela grande, aqueça 1 colher de sopa de azeite em fogo médio. Cozinhe por 4-5 minutos, ou até a cebola ficar macia. Cozinhe por mais 30 segundos depois de adicionar o alho.

b) Em uma tigela grande, misture batata-doce, curry em pó, sal, pimenta e pimenta caiena, se estiver usando. Cozinhe por mais 5 minutos. Cubra com leite de coco.

c) Leve ao fogo baixo e cozinhe por 20-25 minutos, ou até que as batatas-doces estejam macias.

d) Enquanto isso, escorra e lave o grão de bico, depois seque bem com um pano de prato limpo ou papel toalha antes de transferir para uma tigela. Junte a 1/2 colher de sopa restante de azeite, o alho em pó, a cebola em pó e a páprica.

e) Em uma frigideira grande, cozinhe o grão de bico em fogo médio. Torre até que as bordas fiquem levemente crocantes.

f) Quando as batatas estiverem macias, retire a sopa do fogo e deixe esfriar. Metade da sopa deve ser misturada no liquidificador com a parte central da tampa removida para permitir que o vapor escape.

g) Misture até ficar completamente liso. Combine a metade restante da sopa e repita com a metade restante. Alternativamente, bata a sopa com um liquidificador de imersão.

h) Coloque a sopa em uma tigela e cubra com grão de bico crocante.

# 17. Sopa cremosa de brócolis

Rendimento: 8 porções

Ingredientes:

- 1 colher de azeite

- 1 cebola doce média, em cubos

- 2 dentes de alho, picados

- 1 colher de farinha de trigo integral

- 3 xícaras de caldo de legumes com baixo teor de sódio

- 1 brócolis grande, cortado em floretes

- 2 batatas russet médias, cortadas em cubos

- 1/4 colher de chá de pimenta preta

- 1 xícara de leite sem gordura

- cebolinha fresca

Instruções:

a) Em uma panela grande com laterais altas, aqueça o azeite. Refogue a cebola e o alho por 3-5 minutos, ou até ficarem macios.

b) Misture a farinha até que o sabor da farinha crua desapareça, cerca de 1-2 minutos. Leve ao fogo com o caldo de legumes.

c) Quando a água ferver, adicione o brócolis e as batatas e tampe. Cozinhe por 15-20 minutos.

d) Desligue o fogo e deixe esfriar um pouco. Bata metade da sopa até ficar homogênea no liquidificador.

e) Repita com a metade restante da sopa e misture tudo. Alternativamente, bata a sopa com um liquidificador de imersão.

f) Retorne a sopa para a panela e cozinhe em fogo baixo, mexendo sempre. Finalize com as ervas de sua preferência, como cebolinha ou salsa, e sirva.

## 18. Sopa Creme de Couve

Rendimento: 8 porções

Ingredientes:

- 2 colheres de azeite

- 1 cebola Vidalia, em cubos

- 4 dentes de alho, picados

- 2 quilos de couve, finamente picada

- 1 xícara de iogurte grego natural sem gordura

- 1/4 xícara de queijo parmesão

- 1/2 colher de chá de pimenta preta

Instruções:

a) Em uma frigideira grande, aqueça o azeite em fogo médio. Cozinhe por 3-4 minutos, ou até que a cebola e o alho estejam macios.

b) Adicione a couve e um pouco de água, tampe e cozinhe por 8-10 minutos, ou até que as verduras estejam macias e murchas.

c) Retire a panela do fogo e adicione o iogurte grego, o queijo parmesão e a pimenta-do-reino.

# 19. Sopa de frango e quinua

Porções: 6

Ingredientes:

- 1 libra de peito de frango desossado e sem pele, toda a gordura visível descartada, cortada em cubos de 1 polegada

- 4 xícaras de caldo de galinha sem gordura e com baixo teor de sódio

- 1 cebola grande, picada

- $\frac{3}{4}$ xícara de água

- 1 cenoura média, fatiada

- 3 dentes de alho grandes, picados

- 1 colher de sopa de tomilho fresco picado

- 1 folha de louro seca

- $\frac{1}{4}$ colher de chá de pimenta

- $\frac{1}{3}$ xícara de quinoa crua, lavada, escorrida

- 2 onças de ervilhas de açúcar, cortadas

instruções

b) Combine o frango, caldo, cebola, água, cenoura, alho, tomilho, louro e pimenta em uma panela grande.

c) Em fogo médio-alto, deixe ferver.

d) Reduza o fogo para baixo e cozinhe por 5 minutos, levemente tampado.

e) Adicione a quinoa e mexa para combinar. 5 minutos no forno

f) Adicione as ervilhas e mexa para combinar. Cozinhe, mexendo de vez em quando, por 5 a 8 minutos, ou até que a quinoa esteja cozida e o frango não esteja mais rosado no centro.

g) Antes de servir a sopa, retire a folha de louro.

## 20. Sopa de lentilha e feijão

Porções: 6

## INGREDIENTES:

1 xícara de lentilhas secas

Lata de 15 onças lavada e escorrida de feijão preto

lata de 15 onças de tomate em cubos

1 colher de sopa de azeite, extra virgem

1 xícara de lentilhas secas

$\frac{1}{2}$ colher de chá de cominho moído

$\frac{1}{2}$ colher de chá de flocos de pimenta vermelha, esmagados

1 cebola, picada

1 colher de chá de pimenta em pó

4 xícaras de caldo de legumes

2 dentes de alho, picados

2 cenouras, descascadas e picadas

Sal

Pimenta preta

## INSTRUÇÕES:

Aqueça o azeite em uma frigideira em fogo alto e refogue o alho por cerca de 1 minuto.

Por cerca de 5 minutos, refogue a cenoura e a cebola.

Leve ao fogo os demais ingredientes, mexendo sempre.

Reduza o fogo para baixo e cozinhe por cerca de 25 a 30 minutos, tampado, mexendo de vez em quando.

**NUTRIÇÃO:**Calorias: 285| Gordura: 4,3g | Carboidratos: 44g | Fibra: 18g | Açúcares: 4,8g | Proteína: 18,9g

## 21.Sopa de feijão branco e couve

Porções: 4

## INGREDIENTES:

lata de 15 onças de feijão, lavado e escorrido

3 xícaras de couve fresca, hastes duras removidas e picadas grosseiramente

2 colheres de chá de azeite

4 dentes de alho, esmagados

1 colher de sopa de gengibre fresco, picado

1 cebola média, em cubos

2 colheres de chá de folhas frescas de alecrim, picadas

1 quilo de batata doce descascada e cortada em cubos pequenos

4 xícaras de água

$\frac{1}{2}$ colher de chá de canela em pó

1 colher de chá de cominho moído

Sal e pimenta preta moída

1 colher de chá de açafrão moído

## INSTRUÇÕES:

Em uma frigideira, aqueça o azeite em fogo alto e refogue as cebolas, mexendo sempre por cerca de 7-9 minutos.

Adicione o alho, gengibre, alecrim e refogue por cerca de 1 minuto.

Adicione as batatas, água, especiarias, sal e pimenta preta e deixe ferver.

Simmer descoberto por cerca de 30-35 minutos.

Amasse grosseiramente algumas das batatas com as costas de uma colher.

Misture o feijão e a couve e cozinhe por cerca de 4-7 minutos.

## 22. Sopa de frango e legumes

Porções: 4

## INGREDIENTES:

2 colheres de sopa de azeite (extra virgem)

2 pimentões vermelhos, picados

1 cebola, em cubos

1 colher de sopa de gengibre fresco ralado

3 xícaras de frango assado desfiado, sem pele

8 xícaras de caldo de galinha sem sal

$\frac{1}{2}$ colheres de chá de sal marinho

$\frac{1}{8}$ colher de chá de pimenta preta, moída na hora

## INSTRUÇÕES:

Em uma panela grande, aqueça o azeite até ferver.

Adicione a cebola, a pimenta vermelha e o gengibre. Cozinhe por cerca de 5 minutos, mexendo de vez em quando até os legumes ficarem macios.

Adicione o frango, o caldo de galinha, sal e pimenta e deixe ferver.

Reduza o fogo e cozinhe por mais 5 minutos.

## 23. Creme de Couve

Porções: 4

## INGREDIENTES:

2 colheres de sopa de azeite (extra virgem)

1 cebola, em cubos

4 xícaras de couve

1 xícara de floretes de brócolis

6 xícaras de caldo de legumes sem sal

1 colher de chá de alho em pó

$\frac{1}{2}$ colheres de chá de sal marinho

$\frac{1}{4}$ colher de chá de pimenta preta, moída na hora

Microgreens

Leite de côco

## INSTRUÇÕES:

Em uma panela grande, aqueça o azeite até ferver.

Cozinhe, virando de vez em quando, até a cebola ficar macia, cerca de 5 minutos.

Adicione a couve, brócolis, caldo de legumes, alho em pó, sal e pimenta.

Deixe ferver e, em seguida, reduza para uma configuração de fogo baixo.

Cozinhe por 10 a 15 minutos, mexendo periodicamente, ou até que os legumes estejam macios.

No liquidificador, junte todos os ingredientes e bata até ficar homogêneo.

Sirva quente com óleo adicional, microgreens e leite de coco.

## 24. Sopa de lentilha coral e acelga

Porções: 4

## INGREDIENTES:

2 colheres de azeite

1 cebola média, em cubos

2 cenouras médias, cortadas em cubos

1/2 colher de chá de gengibre em pó

1/2 colher de chá de açafrão em pó

2 dentes de alho grandes picados

1 colher de chá de cominho em pó

1/2 colher de chá de flocos de pimenta vermelha

1/2 colheres de chá de sal marinho

Uma lata de 15 onças de tomate em cubos

1 xícara de lentilhas vermelhas secas

2 litros de caldo de legumes

1 maço de acelga suíça, picada grosseiramente

## INSTRUÇÕES:

81

Em uma grande sopa ou caçarola, aqueça o óleo.

Refogue a cebola e a cenoura por 7 minutos em fogo médio-alto.

Adicione o alho, cominho, gengibre, açafrão, flocos de pimenta e sal.

Cozinhe por 5 minutos, raspando os pedaços marrons do fundo da panela enquanto você mistura os tomates até que o líquido tenha reduzido e os tomates estejam macios.

Adicione as lentilhas e o caldo e deixe ferver, depois reduza para fogo baixo e cozinhe, descoberto, por 10 minutos, ou até que as lentilhas estejam cozidas.

Cozinhe por mais 5 minutos, mexendo ocasionalmente até que a acelga murche, mas ainda esteja borbulhando. Tempere com sal e pimenta a gosto.

Sirva a sopa em tigelas, guarnecidas com uma fatia de limão.

# 25. Sopa de Abóbora de Outono

Porções: 6

## INGREDIENTES:

600 g de abóbora, descascada e picada

2 xícaras de caldo de legumes

$\frac{1}{2}$ xícara de leite de coco

óleo para fritar

1 colher de sopa de capim-limão, picado

2 folhas de lima kaffir, picadas

1 colher de chá de cominho

1 colher de chá de sementes de coentro

1 pimentão vermelho, sem sementes e fatiado

1 gengibre fresco, descascado e ralado

1 açafrão fresco, descascado e fatiado

Pimenta preta a gosto

1 chalota, picada

4 dentes de alho

## INSTRUÇÕES:

Pré-aqueça o forno a 300 graus Fahrenheit e prepare uma assadeira com papel manteiga.

Jogue a abóbora no óleo antes de colocá-la na assadeira e assar até dourar.

Em uma panela, aqueça o azeite e refogue a cebola até dourar.

Cozinhe até ficar aromático e adicione o cominho e o coentro.

Adicione as folhas de kaffir, açafrão, gengibre, capim-limão e pimenta, cozinhe por mais um minuto, mexendo para não queimar

Adicione a abóbora ao caldo, tampe e cozinhe

Reduza o fogo para baixo e cozinhe por mais 10 minutos.

Adicione o leite de coco e aumente o fogo novamente para ferver por 5-10 minutos.

## 26. Sopa de legumes de cevada

Porções: 6

## INGREDIENTES:

1 xícara de cenoura, picada

1 ramo de alecrim

1 dente de alho, picado

1 xícara de aipo, picado

3/4 xícara de cevada descascada

4 xícaras de caldo de legumes

1 lata de purê de tomate (28 onças)

1 lata de feijão, escorrido e enxaguado (15 onças)

2 xícaras de couve, picada grosseiramente

Parmesão ralado

## INSTRUÇÕES:

Em uma panela, refogue a cebola, a cenoura e o aipo com azeite (extra virgem). Adicione o alecrim, o alho e a cevada e continue cozinhando por cerca de 3 minutos.

Leve ao fogo, com o caldo, mexendo sempre.

Depois de ferver, tampe a panela, reduza o fogo e cozinhe em fogo baixo por cerca de 1 hora.

Adicione os tomates e o feijão e cozinhe por mais 15 minutos ou mais, até que a cevada esteja macia. Misture as verduras nos últimos 5 minutos de cozimento, se estiver usando.

Sirva com parmesão ralado.

## 27. Sopa de abobrinha e lentilha

Porções: 4-6

## INGREDIENTES:

1 cebola grande, em cubos

1 abobrinha descascada e cortada em cubos

1 xícara de lentilha marrom

8 xícaras de caldo de legumes

2 colheres de chá de alho picado

1 folha de louro

1/2 colher de chá de noz-moscada moída

1 xícara de espinafre, picado

1/2 colher de chá de sal

## INSTRUÇÕES:

Adicione todos os ingredientes, exceto o espinafre, ao seu fogão lento e misture bem.

Cozinhe 3 a 4 horas em potência alta ou 6 a 8 horas em potência baixa.

Retire a folha de louro e coloque cerca de 50% da sopa, aos poucos, se necessário, no liquidificador e bata até ficar homogêneo. Adicione a sopa misturada com a parte não misturada à panela lenta e mexa.

Adicione o espinafre picado e mexa até amolecer.

# 28. Sopa de Feijão Branco

Porções: 4

**Ingredientes:**

- 1 cebola picada

- 2 colheres de azeite

- 2 talos de aipo picados

- 3 dentes de alho picados

- 4 xícaras de feijão canelone enlatado

- 4 xícaras de caldo de galinha

- Sal e pimenta a gosto

- 1 colher de chá de alecrim fresco

- 1 xícara de floretes de brócolis

- 1 colher de sopa de óleo de trufas

- 3 colheres de sopa de queijo parmesão ralado

**instruções:**

a) Em uma panela grande, aqueça o azeite.

b) Cozinhe o aipo e a cebola por cerca de 5 minutos em uma frigideira.

c) Adicione o alho e mexa para combinar. Cozinhe por mais 30 segundos.

d) Misture o feijão, 2 xícaras de caldo de galinha, alecrim, sal e pimenta, bem como o brócolis.

e) Deixe o líquido ferver e, em seguida, reduza para fogo baixo por 20 minutos.

f) Bata a sopa com a varinha mágica até atingir a lisura desejada.

g) Reduza o fogo para baixo e polvilhe o azeite de trufas.

h) Coloque a sopa em pratos e polvilhe com queijo parmesão antes de servir.

# 29. Pasta e Fagioli

Porções: 10

## Ingredientes:

- 1 ½ libra de carne moída
- 2 cebolas picadas
- ½ colher de chá de flocos de pimenta vermelha
- 3 colheres de azeite
- 4 talos de aipo picados
- 2 dentes de alho picados
- 5 xícaras de caldo de galinha
- 1 xícara de molho de tomate
- 3 colheres de pasta de tomate
- 2 colheres de chá de orégano
- 1 colheres de chá de manjericão
- Sal e pimenta a gosto
- 1 15 onças. lata de feijão canelone
- 2 xícaras de massa italiana pequena cozida

## instruções:

a) Em uma panela grande, doure a carne por 5 minutos, ou até não ficar mais rosada. Retire da equação.

b) Em uma frigideira grande, aqueça o azeite e refogue a cebola, o aipo e o alho por 5 minutos.

c) Adicione o caldo, molho de tomate, pasta de tomate, sal, pimenta, manjericão e flocos de pimenta vermelha e mexa para combinar.

d) Coloque a tampa na panela. A sopa deve então ser deixada cozinhar por 1 hora.

e) Adicione a carne e cozinhe por mais 15 minutos.

f) Adicione o feijão e mexa para combinar. Depois disso, cozinhe por 5 minutos em fogo baixo.

g) Misture o macarrão cozido e cozinhe por 3 minutos, ou até aquecer.

# 30. Sopa de Almôndegas e Tortellini

Porções: 6

**Ingredientes:**

- 2 colheres de azeite

- 1 cebola em cubos

- 3 dentes de alho picados

- Sal e pimenta a gosto

- 8 xícaras de caldo de galinha

- 1 $\frac{1}{2}$ xícaras de tomates em cubos enlatados

- 1 xícara de couve picada

- 1 xícara de ervilhas descongeladas

- 1 colheres de chá de manjericão triturado

- 1 colher de chá de orégano

- 1 folha de louro

- 1 libra de almôndegas descongeladas - qualquer tipo

- 1 libra de tortellini de queijo fresco

- $\frac{1}{4}$ xícara de queijo parmesão ralado

**instruções:**

a) Em uma panela grande, aqueça o azeite e refogue a cebola e o alho por 5 minutos.

b) Em uma panela grande, misture o caldo de galinha, tomate picado, couve, ervilha, manjericão, orégano, sal, pimenta e louro.

c) Leve o líquido para ferver em seguida. Depois disso, cozinhe por 5 minutos em fogo baixo.

d) Retire a folha de louro e jogue-a fora.

e) Cozinhe por mais 5 minutos depois de adicionar as almôndegas e o tortellini.

f) Por último, mas não menos importante, sirva em tigelas com queijo ralado por cima.

# 31. Frango Marsala

Porções: 4

**Ingredientes:**

- $\frac{1}{4}$ xícara de farinha
- Sal e pimenta a gosto
- $\frac{1}{2}$ colheres de chá de tomilho
- 4 peitos de frango desossados, amassados
- $\frac{1}{4}$ xícara de manteiga
- $\frac{1}{4}$ xícara de azeite
- 2 dentes de alho picados
- 1 $\frac{1}{2}$ xícaras de cogumelos fatiados
- 1 cebola pequena em cubos
- 1 xícara de marsala
- $\frac{1}{4}$ xícara meia e meia ou creme de leite

**instruções:**

a) Em uma tigela, misture a farinha, sal, pimenta e tomilho.

b) Em uma tigela separada, passe os peitos de frango na mistura.

c) Em uma frigideira grande, derreta a manteiga e o óleo.

d) Cozinhe o alho por 3 minutos em uma frigideira.

e) Coloque o frango e cozinhe por 4 minutos de cada lado.

f) Em uma frigideira, misture os cogumelos, a cebola e o marsala.

g) Cozinhe o frango por 10 minutos em fogo baixo.

h) Transfira o frango para um prato de servir.

i) Misture o creme meio-e-meio ou pesado. Então, enquanto cozinha em alta por 3 minutos, mexa constantemente.

j) Regue o frango com o molho.

# 32. Sopa de Peixe e Chouriço

Porções: 4

## Ingredientes:

- 2 cabeças de peixe (usadas para cozinhar caldo de peixe)
- 500g de filés de peixe cortados em pedaços
- 1 cebola
- 1 dente de alho
- 1 xícara de vinho branco
- 2 colheres de azeite
- 1 punhado de salsa (picada)
- 2 xícaras de caldo de peixe
- 1 punhado de orégano (picado)
- 1 colheres de sal
- 1 colheres de pimenta
- 1 aipo
- 2 latas de tomate (tomate)
- 2 pimentões vermelhos
- 2 salsichas de chouriço
- 1 colher de sopa de páprica
- 2 folhas de louro

**instruções:**

a) Limpe a cabeça do peixe. As brânquias devem ser removidas. Tempere com sal. Cozinhe por 20 minutos em temperatura baixa. Retire da equação.

b) Em uma panela, despeje o azeite. Misture a cebola, as folhas de louro, o alho, o chouriço e a páprica em uma tigela grande. 7 minutos no forno

c) Em uma tigela grande, misture os pimentões vermelhos, tomates, aipo, pimenta, sal, orégano, caldo de peixe e vinho branco.

d) Cozinhe por um total de 10 minutos.

e) Jogue no peixe. 4 minutos no forno

f) Use o arroz como acompanhamento.

g) Adicione salsa como enfeite.

## 33. Ratatouille espanhol

Porções: 4

**Ingredientes:**

- 1 pimentão vermelho (picado)
- 1 cebola de tamanho médio (fatiada ou picada)
- 1 dente de alho
- 1 Abobrinha (picada)
- 1 pimentão verde (picado)
- 1 colheres de sal
- 1 colheres de pimenta
- 1 lata de tomate (picado)
- 3 colheres de azeite
- 1 gota de vinho branco
- 1 punhado de salsa fresca

**instruções:**

a) Em uma panela, despeje o azeite.

b) Jogue as cebolas. Deixe 4 minutos de fritura em fogo médio.

c) Junte o alho e os pimentões. Deixe por mais 2 minutos de fritura.

d) Junte a abobrinha, os tomates, o vinho branco e tempere a gosto com sal e pimenta.

e) Cozinhe por 30 minutos ou até terminar.

f) Decore com salsa, se desejar.

g) Sirva com arroz ou torradas como acompanhamento.

h) Aproveitar!!!

## 34. Gaspacho

Porções: 6

**Ingredientes:**

- 2 kg de tomates maduros, picados
- 1 pimentão vermelho (picado)
- 2 dentes de alho (moído)
- 1 colheres de sal
- 1 colheres de pimenta
- 1 colher de sopa de cominho (moído)
- 1 xícara de cebola roxa (picada)
- 1 pimenta Jalapeno grande
- 1 xícara de azeite
- 1 limão 1 pepino médio
- 2 colheres de vinagre
- 1 xícara de tomate (suco)
- 1 colher de sopa de molho inglês
- 2 colheres de sopa de manjericão fresco (cortado)
- 2 fatias de pão

**instruções:**

a) Em uma tigela, misture pepino, tomate, pimentão, cebola, alho, jalapeño, sal e cominho. Misture tudo completamente.

b) Em um liquidificador, misture o azeite, o vinagre, o molho inglês, o suco de limão, o suco de tomate e o pão. Misture até que a mistura esteja completamente lisa.

c) Incorpore a mistura misturada na mistura original usando uma peneira.

d) Certifique-se de combinar tudo completamente.

e) Coloque metade da mistura no liquidificador e bata. Misture até que a mistura esteja completamente lisa.

f) Retorne a mistura misturada ao restante da mistura. Misture tudo completamente.

g) Refrigere a tigela por 2 horas depois de cobri-la.

h) Após 2 horas, retire a tigela. Tempere a mistura com sal e pimenta. Polvilhe manjericão em cima do prato.

i) Servir.

## 35. Lula e Arroz

Porções: 4

**Ingredientes:**

- 6 onças. frutos do mar (qualquer um de sua escolha)
- 3 dentes de alho
- 1 cebola média (fatiada)
- 3 colheres de azeite
- 1 pimentão verde (fatiado)
- 1 colher de sopa de tinta de lula
- 1 maço de salsa
- 2 colheres de páprica
- 550 gramas de lula (limpa)
- 1 colheres de sal
- 2 aipo (em cubos)
- 1 folha de louro fresca
- 2 tomates médios (ralados)
- 300g de arroz de calasparra
- 125ml de vinho branco
- 2 xícaras de caldo de peixe
- 1 limão

**instruções:**

a) Em uma frigideira, despeje o azeite. Misture a cebola, a folha de louro, a pimenta e o alho em uma tigela. Deixe alguns minutos de fritura.

b) Junte as lulas e os frutos do mar. Cozinhe por alguns minutos e, em seguida, retire a lula/marisco.

c) Em uma tigela grande, misture a páprica, os tomates, o sal, o aipo, o vinho e a salsa. Aguarde 5 minutos para que os legumes terminem de cozinhar.

d) Jogue o arroz lavado na panela. Combine o caldo de peixe e a tinta de lula em uma tigela.

e) Cozinhe por um total de 10 minutos. Combine os frutos do mar e as lulas em uma tigela grande.

f) Cozinhe por mais 5 minutos.

g) Sirva com aioli ou limão.

# 36.Sopa de beterraba à moda da Ucrânia

Rendimento: 6 porções

## Ingrediente

- 4 tomates médios

- 4 colheres de manteiga

- 1 xícara de Cebola; finamente picado

- 2 dentes de alho descascados; finamente picado

- 1 libra Beterraba, aparada de folhas, descascada, ralada grosseiramente

- $\frac{1}{2}$ raiz de aipo, descascada; ralado grosso

- 1 raiz de salsa descascada; ralado grosso

- 1 mandioquinha descascada; ralado grosso

- $\frac{1}{2}$ colher de chá de açúcar

- $\frac{1}{4}$ xícara de vinagre de vinho tinto

- 1 colher de sal

- 2 litros de caldo de carne, fresco ou enlatado

- 1 quilo de batatas cozidas, descascadas; corte em pedaços de 1 1/2 polegada

- 1 quilo de repolho, sem caroço; desfiado grosseiramente

- 1 libra de peito fervido, ou 1 libra de presunto cozido, cortado em pedaços de 1 polegada

- 3 colheres de salsa; finamente picado

- $\frac{1}{2}$ litro de creme de leite

**instruções**

a) Coloque os tomates em água fervente por 15 segundos. Passe-os por água fria e descasque-os. Corte o caule e, em seguida, corte-os ao meio transversalmente.

b) Esprema as metades delicadamente para remover os sucos e as sementes, em seguida, pique-as grosseiramente e reserve.

c) Em uma frigideira ou caçarola de 10 a 12 polegadas, derreta a manteiga em fogo moderado, adicione as cebolas e o alho e, mexendo sempre, cozinhe por 6 a 8 minutos, ou até que estejam macios e levemente coloridos. Junte a beterraba, a raiz de aipo, a raiz de salsa, a pastinaca, metade dos tomates, o açúcar, o vinagre, o sal e 1 $\frac{1}{2}$ xícaras de caldo. Deixe ferver em fogo alto, tampe parcialmente a panela e abaixe o fogo. Ferva por 40 minutos.

d) Enquanto isso, despeje o caldo restante em uma caçarola de 6 a 8 qt e adicione as batatas e o repolho. Deixe ferver e cozinhe parcialmente coberto por 20 minutos, ou até que as batatas estejam macias, mas não desmanchando.

e) Quando a mistura de legumes estiver cozida no tempo previsto, adicione-a à caçarola com os tomates restantes e a carne. Cozinhe parcialmente coberto por 10 a 15 minutos, até que o borscht esteja aquecido.

f) A gosto pelo tempero. Despeje em uma terrina, polvilhe com salsa e sirva acompanhado de creme de leite.

# 37. Pepino ucraniano e borscht de limão

Rendimento: 6 porções

## Ingrediente

- 4 xícaras de pepinos descascados e sem sementes --

- Picado grosseiramente

- Suco de 2 limões pequenos

- 1 colher de chá de substituto de sal de ervas ou

- Sal marinho

- 1 colher de mel

- 1 xícara de iogurte natural desnatado

- 1 xícara de água de nascente

- 1 xícara de presunto de peru picado

- 1 tomate grande - picado

- Substituto de sal de ervas e

- Pimenta branca - a gosto

- Ramos de endro fresco e azedo

- Creme - para decorar

## instruções

a) Coloque os pepinos, o suco de limão, o substituto do sal, o mel, o iogurte e a água no liquidificador e bata até ficar bem homogêneo. Adicione o presunto picado. Despeje a sopa em uma tigela grande, cubra com filme plástico e leve à geladeira durante a noite (8 a 12 horas).

b) De manhã, purê de tomate e adicione à sopa. Prove os temperos e adicione mais substituto de sal e pimenta, se necessário.

c) Sirva a sopa em tigelas geladas com uma guarnição de endro fresco e um montão de creme de leite.

## 38. Sopa de picles azedo

Serve 5 porções

**Ingredientes:**

- 6 xícaras de caldo de legumes
- 1 $\frac{1}{2}$ xícara de cenoura ralada
- $\frac{1}{2}$ xícara de aipo em cubos
- 1 xícara de batatas frescas descascadas, cortadas em cubos
- 1 xícara de picles de alho ou endro, picados
- Farinha, conforme necessário (cerca de $\frac{1}{4}$ xícara)

**instruções**

a) Em uma panela grande, leve o caldo para ferver rapidamente, depois diminua o fogo para baixo e deixe ferver. Cozinhe por 15 minutos com as cenouras, o aipo e as batatas.

b) Cozinhe por 30 minutos, ou até que as batatas estejam cozidas, adicionando picles conforme necessário. Se quiser uma sopa mais grossa, faça uma pasta com partes iguais de farinha e água.

c) Despeje o leite aos poucos, mexendo sempre, até a sopa engrossar levemente.

# 39. borscht

Serve 6 porções

## Ingredientes:

- 2 maços de beterraba com verduras (cerca de 8-9 beterrabas médias)

- $\frac{1}{2}$ xícara de cebola picada

- 1 libra lata de tomates estufados

- 3 colheres de sopa de suco de limão fresco

- ⅓xícara de adoçante granulado vegano

## instruções

a) Esfregue e limpe as beterrabas, mas deixe as peles. Mantenha os verdes seguros. Em uma panela grande, misture as beterrabas, cebola e 3 litros de água.

b) Cozinhe por uma hora, ou até que as beterrabas estejam extremamente macias. Retire as beterrabas da água, mas NÃO JOGUE A ÁGUA FORA. Jogue fora as cebolas.

c) Retorne as beterrabas para a água depois de cortá-las finamente. As verduras devem ser lavadas e picadas antes de serem adicionadas à água. Misture os tomates, o suco de limão e o adoçante em uma tigela. Cozinhe por 30 minutos em fogo médio ou até que os verdes estejam macios.

d) Antes de servir, leve à geladeira por pelo menos 2 horas.

# 40. Sopa de morango/mirtilo

Serve 4 porções

**Ingredientes:**

- 1 libra de morangos ou mirtilos frescos, bem limpos

- 1 $\frac{1}{4}$ xícaras de água

- 3 colheres de sopa de adoçante granulado vegano

- 1 colher de sopa de suco de limão fresco

- $\frac{1}{2}$ xícara de creme de café de soja ou arroz

- Opcional: 2 xícaras de macarrão cozido e resfriado

**instruções**

a) Em uma panela média, misture a fruta com a água e aqueça até ferver rapidamente.

b) Reduza o fogo para baixo, tampe e cozinhe por 20 minutos, ou até que a fruta esteja bem macia.

c) Bata no liquidificador até ficar homogêneo. Retorne o purê para a panela e misture o açúcar, o suco de limão e o creme de leite. Deixe ferver por 5 minutos depois de mexer.

d) Antes de servir, resfrie a sopa por pelo menos 2 horas.

e) Esta sopa é tradicionalmente servida sozinha ou com macarrão frio.

# 41. Sopa de repolho

Serve 6 porções

**Ingredientes:**

- 2 colheres de margarina

- 2 xícaras de repolho verde picado

- $\frac{1}{2}$ colher de chá de pimenta preta

- 3 xícaras de água

- 2 xícaras de batatas descascadas e cortadas em cubos

- $\frac{1}{2}$ xícara de tomate fresco picado

**instruções**

a) Em uma panela de sopa, derreta a margarina.

b) Adicione o repolho e a pimenta e cozinhe por cerca de 7 minutos, ou até o repolho dourar.

c) Junte as batatas, os tomates e a água; tampe e deixe ferver por 20 minutos, ou até que as batatas estejam cozidas.

# 42. Sopa de vegetais

Serve: 4

**Ingredientes:**

- sopa de legumes (2 cenouras, $\frac{1}{2}$ raiz de aipo, 1 alho-poró, salsa fresca)

- 1 xícara (100 g) de floretes de couve-flor

- $\frac{1}{2}$ xícara (50 g) de milho cozido

- sal e pimenta

- opcional: cubo de caldo de carne, cebola

**instruções**

a) Leve 2 litros de água para ferver em uma panela grande.

b) Corte as cenouras, a raiz de aipo e o alho-poró em fatias de 6 mm. Reduza o fogo para baixo e adicione os legumes fatiados, floretes de couve-flor e milho à água fervente.

c) Tempere com sal e pimenta a gosto e cozinhe por cerca de 40 minutos em fogo médio.

d) Decore com floretes de salsa em cubos.

# 43. Sopa de tomate

Serve: 4

**Ingredientes:**

- 2 litros de caldo
- 2 colheres de creme de coco
- 1 colheres de farinha
- 5 onças. (150ml) pasta de tomate
- sal e pimenta
- aneto

**instruções**

a) Coe o caldo feito de sopa de legumes (2 cenouras, 12 cebolas, 12 raiz de aipo, 1 alho-poró, vários talos de salsa) e reserve o líquido.

b) Misture o creme de coco com a farinha, em seguida, adicione-o ao caldo junto com a pasta de tomate.

c) Deixe ferver em fogo alto, tempere com sal e pimenta e decore com endro.

d) Para deixar a sopa mais recheada, você pode adicionar arroz ou macarrão.

# 44. Sopa de picles

Serve: 4

**Ingredientes:**

- 3 batatas

- 1 cubo de caldo

- 1 colheres de manteiga de coco

- 2 picles grandes, bem picados

- 1 xícara (250 ml) de suco de picles

- 2 colheres de creme de coco

- 1 colheres de farinha

- sal

- aneto

instruções

a) Descasque e corte as batatas em cubos de 1,3 cm e ferva-as com o cubo de caldo e a manteiga de coco em 2 litros de água.

b) Adicione os picles em fatias finas e o suco de picles após cerca de 20 minutos, quando as batatas começarem a amolecer.

c) Misture o creme de coco e a farinha em uma tigela separada e, em seguida, adicione gradualmente 3 colheres de sopa do caldo que está fervendo no fogo. Em seguida, retorne a mistura para a sopa e leve novamente para ferver.

d) Adicione sal e endro picado a gosto (mas primeiro prove a sopa para se certificar de que o suco de picles não é muito forte).

e) Arroz pode ser usado no lugar das batatas. Quando a sopa estiver pronta, pule o passo 1 e adicione 3 xícaras de arroz cozido.

# 45. Sopa de centeio azeda

Serve: 2

## Ingredientes:

- 2 qt. caldo

- 2 xícaras de farinha de centeio azeda

- 2 colheres de farinha

- Sal

- 2 dentes de alho

- opcional: cogumelos

## instruções

h) Ferva os legumes da sopa em 2 litros de água para fazer o caldo. Você também pode adicionar alguns cogumelos picados, se desejar.

i) Passe a sopa por uma peneira, reservando o líquido, e acrescente a mistura e a farinha ao caldo quando os legumes estiverem macios (aproximadamente 40 minutos).

j) Você pode temperar a gosto com sal.

k) Adicione o alho ao caldo, finamente ralado ou em cubos.

## 46. Sopa de beterraba gelada

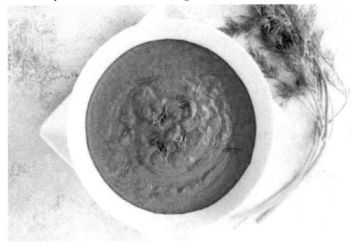

Serve: 2

## Ingredientes:

- 1 molho de beterraba

- 1 pepino

- 3-5 rabanetes

- aneto

- cebolinha

- 1 litro de iogurte natural à base de plantas

- sal e pimenta

- açúcar

- opcional: suco de limão

## instruções

a)  Retire as beterrabas do cacho, pique finamente apenas os talos e as folhas de beterraba e cozinhe por cerca de 40 minutos em uma pequena quantidade de água até ficar macia. Deixe esfriar antes de servir.

b)  Pepino, rabanete, endro e cebolinha devem ser bem picados. Combine estes ingredientes, bem como a mistura de beterraba, no iogurte à base de plantas e mexa bem.

c) A gosto, tempere com sal, pimenta, açúcar e suco de limão, se desejar. Misture ou purê a sopa se quiser uma textura mais suave.

d) Sirva gelado com dill picado por cima.

e) Esta sopa é tradicionalmente feita apenas com os caules e folhas da planta de beterraba. Você pode, no entanto, usar apenas as beterrabas. 1 libra de beterraba cozida, ralada finamente e combinada com os demais ingredientes

# 47. Sopa de frutas

Serve: 4

## Ingredientes:

i)  1 colheres de farinha de batata

j)  1 xícara (250 ml) de caldo, gelado

k)  3 maçãs

l)  8 onças. (250 g) ameixas ou cerejas

m)  $\frac{1}{3}$-$\frac{1}{2}$ xícara (75-115 g) de açúcar

## instruções

a)  Para produzir uma pasta, misture metade do caldo frio com a farinha.

b)  Ferva as maçãs, ameixas ou cerejas em 112 litros de água depois de descascá-las. Quando a fruta estiver macia, rale-a em um ralador fino ou triture-a com a água no liquidificador e tempere com açúcar a gosto.

c)  Combine a pasta de farinha e caldo em uma tigela.

d)  Junte a mistura de caldo até que tudo esteja bem misturado.

# 48. Sopa de batata

Serve: 4

**Ingredientes:**

- 1 ½ litro de caldo de legumes

- 2 cebolas

- 2 alho-poró

- 5 dentes de alho

- 3 colheres de azeite

- 4 batatas

- ervas: folhas de louro, tomilho, cebolinha

- sal e pimenta

**instruções**

a) Corte a cebola e o alho-poró finamente, em seguida, corte-os em anéis de 6 mm e refogue-os no azeite com os dentes de alho fatiados.

b) Cubra as batatas depois de limpá-las, descascá-las e limpá-las.

c) Adicione as batatas, as ervas, o sal e a pimenta quando as cebolas e o alho-poró estiverem castanhos médios. Mexa por alguns instantes, depois cubra com o caldo e cozinhe por cerca de 30 minutos em fogo baixo, até que as batatas estejam macias.

d) Depois que a sopa esfriar, bata no liquidificador até ficar homogêneo. Tempere com sal e pimenta a gosto.

## 49. Sopa de limão

Serve: 4

## Ingredientes:

- 2 litros de caldo ou caldo

- $\frac{1}{2}$-1 xícara (95-190 g) de arroz branco

- 2 limões

- sal e pimenta

- opcional: $\frac{1}{2}$ xícara de creme de coco

## instruções

a) Faça um caldo com 2 litros (2 litros) de água e sopa de legumes ou caldo (2 cenouras, 12 cebolas, 1 aipo, 1 alho-poró, muitos talos de salsa).

b) Cozinhe o arroz apenas no caldo ou caldo até ficar mole, cerca de 25 minutos.

c) Descasque 1 limão, corte-o em fatias finas e jogue-o com um pouco de sal no arroz fervente.

d) Continue mexendo a sopa enquanto adiciona o suco de limão restante.

e) Cozinhe por alguns minutos em fogo baixo, temperando com sal e pimenta a gosto.

# 50. Sopa de aspargos

Serve: 4-6

## Ingredientes:

- 450 g de aspargos brancos

- sopa de legumes (2 cenouras, 1 alho-poró, $\frac{1}{2}$ raiz de aipo, salsa fresca)

- 2 colheres de manteiga de coco

- $\frac{1}{4}$ xícara (30 g) de farinha

- sal e açúcar

- $\frac{1}{2}$ xícara (125 ml) de creme de coco

## instruções

a) Descasque as cascas dos aspargos e limpe os aspargos. Cozinhe os talos de aspargos e os ingredientes da sopa até ficarem macios em uma panela com 2 litros de água. O líquido do caldo deve ser guardado.

b) Cozinhe separadamente as cabeças de aspargos em uma pequena quantidade de água.

c) Triture os talos dos aspargos e rale finamente.

d) Combine o purê de aspargos com o caldo de sopa.

e) Em uma frigideira, derreta a manteiga de coco e misture a farinha para produzir um roux em fogo baixo. Adicione as cabeças de aspargos cozidas, sal e pimenta à sopa enquanto ela cozinha.

f) Sirva com croutons e uma colherada de creme de coco no final.

# 51. Sopa de Couve-rábano

Porções: 6 porções

## Ingredientes

- 1 couve-rábano descascada, em cubos, use folhas também

- 1 cebola média bem picada

- 1 cenoura média descascada, em cubos

- 2 batatas médias descascadas, em cubos

- 2 colheres de sopa de salsa e endro cada, finamente picados

- 1 l de caldo de legumes quente

- 1 colher de sopa de óleo e manteiga cada

- Sal marinho e pimenta a gosto

- 1 colher de sopa de amido de milho mais 2 colheres de sopa de água quente

## instruções

a) Descasque e corte grosseiramente as folhas de couve-rábano, descartando os talos. Corte a couve-rábano, as cenouras e as batatas em cubos.

b) Aqueça 1 colher de sopa de óleo em uma panela grande, adicione a cebola e cozinhe por 3 minutos, ou até amolecer. Cozinhe por alguns minutos, mexendo sempre, com o restante dos legumes e a salsa.

c) Adicione o caldo de legumes, pimenta para temperar, mexa, tampe e deixe ferver, depois reduza para fogo baixo e cozinhe, mexendo de vez em quando, por cerca de 30 minutos ou até que os legumes estejam macios.

d) Adicione o endro picado e cozinhe por mais 3 minutos. Você pode engrossar a sopa neste momento (embora não seja necessário). Para fazer isso, misture 2 colheres de sopa de água quente com amido de milho, misture na sopa e cozinhe por 3 minutos.

e) Retire do fogo, tempere a gosto e misture uma colher de sopa de manteiga antes de servir.

## 52. Sopa de feijão ucraniano

Rendimento: 10 porções

## Ingrediente

- 1 quilo de feijão branco, seco
- 1 ½ quilo de chucrute
- ¾ libras de carne de porco salgada
- 4 batatas, em cubos
- ½ xícara de óleo vegetal
- 1 ½ colher de farinha
- 1 cada Cebola, lg. picado grosseiramente
- 1 colher de sal
- 1 colher de chá de pimenta preta
- 4 folhas de louro
- 3 dentes de alho, picados
- 2 colheres de Pimenta
- ½ xícara de iogurte natural
- 1 cada Cenoura, lg. picado

a) Deixe o feijão de molho durante a noite. Cozinhe a carne, batatas, feijão e chucrute separadamente.

b) Desosse a carne quando estiver pronta e corte em cubos de $\frac{1}{2}$". Corte as batatas em cubos. Esmague o feijão.

c) Faça um roux com o azeite, a farinha e a cebola. Coloque a carne e os legumes em uma panela, adicione o roux e as folhas de louro.

d) Cubra com o caldo e cozinhe por mais 10 minutos.

# 53. Vai Sopa Verde

Rende: 2 porções

## Ingredientes

- 4 pepinos picados, tamanho médio
- talo de aipo picado
- colheres de sopa de suco de limão
- 1 1/2 xícara de folhas de agrião (embaladas), mais 1/2 xícara de folhas extras para decorar
- purê de abacate
- 1 colher de chá de erva de trigo em pó liofilizado
- 1 pitada de sal marinho a gosto
- 1 pitada de pimenta preta moída na hora a gosto

## instruções

a) Use um liquidificador para bater 2 xícaras de água com os pepinos, aipo, suco de limão, 1 1/2 xícaras de agrião e sal marinho.

b) Misture o mais suave possível. Use uma peneira grande de malha fina para coar a mistura e criar um caldo verde vibrante. (O pano de queijo também pode ser usado no lugar de uma peneira, use algumas camadas para criar uma malha mais fina.)

c) Retorne o caldo para o liquidificador e adicione o pó de abacate e grama de trigo. Misture até ficar homogêneo. Resfrie por no mínimo 30 minutos.

d) Para servir, decore com algumas folhas de agrião e um pouco de pimenta preta.

## 54. Ramen de Curry de Coco Tailandês

Rende: 2 porções

**Ingredientes:**

- 1 1/2 colheres de sopa de pasta de curry vermelha vegana

- 1/3 cebola roxa, em cubos

- 2 dentes de alho, picados

- 2 gengibres do tamanho de um polegar, ralados

- 1 talo de capim-limão fresco, picado

- 2 colheres de chá de xarope de bordo puro ou açúcar mascavo

- 3 colheres de sopa de limão ou suco de limão

- Sal a gosto

- Um prato de legumes mistos

- 2 latas de leite de coco

- 1 1/2 xícara de caldo de legumes

- 3-4 folhas de lima kaffir

- 2-3 pacotes de ramen japonês fresco OU substituto com qualquer outro macarrão ramen seco

- Algumas fatias de tempeh ou tofu cozido

- 1 xícara de milho congelado ou fresco para cobertura - descongelado se congelado

- 4-5 tomates cereja

- Algumas fatias de limão

- Punhado Microgreens de rabanete vermelho

**Instruções:**

a) Coloque uma panela grande em fogo médio-alto. Adicione a 1/2 xícara de caldo de legumes, em seguida, adicione pasta de curry, cebolinha, alho, gengibre e capim-limão e cebola em cubos. Cozinhe até que a pasta de curry esteja completamente dissolvida, cerca de 8 minutos.

b) Adicione 2 latas de leite de coco e o caldo de legumes restante. Leve o curry para ferver e reduza para ferver levemente.

c) Adicione a mistura de vegetais, folhas de limão kafir e xarope de bordo. Cubra e deixe cozinhar por cerca de 5-8 minutos.

d) Enquanto isso, ferva uma panela média com água. Esta será sua água de cozimento para o ramen. Coloque o ramen em água fervente e solte o macarrão, certificando-se de que esteja distribuído uniformemente.

e) Cozinhe até ficar al dente, escorra e lave em água fria. Deixou de lado.

f)  Divida o ramen em 2-3 tigelas de sopa, coloque a deliciosa sopa de curry por cima e decore com ervas frescas, tomates, milho, tofu ou tempeh.

## 55. Sopa Microgreen de brócolis assado

Rende: 2 porções

## Ingredientes

- 1 cabeça de brócolis, cortada em buquês pequenos

- 1 cebola amarela grande, cortada em gomos

- 4 dentes de alho inteiros, descascados

- 1 colher de sopa de óleo de semente de uva

- 1/4 colheres de chá de sal

- 4 xícaras de caldo de legumes

- 2 xícaras de microgreens de brócolis

- 3 onças. queijo feta, picado

- 1 xícara de feijão marinho cozido ou enlatado

- Suco de 1/2 limão

- 1/2 colheres de chá de pimenta em pó

- 3 colheres de sopa de sementes de girassol torradas sem sal

- 2 colheres de sopa de azeite extra virgem

## instruções

a) Pré-aqueça o forno a 425 ° F.

b) Coloque uma assadeira com borda no forno enquanto aquece.

c) Em uma tigela, misture o brócolis, a cebola e o alho com o azeite e o sal.

d) Espalhe o brócolis em uma assadeira quente e asse por 25 minutos, mexendo uma vez.

e) Misture ou processe o caldo, legumes assados, microgreens, queijo feta, feijão, suco de limão e pimenta em pó até ficar homogêneo em um liquidificador ou processador de alimentos.

f) Aqueça a sopa em uma panela e, se necessário, dilua com caldo extra ou água.

g) Decore com micro verduras adicionais, queijo feta, sementes de girassol e um fio de azeite.

## 56. Sopa de tomate

RENDIMENTO: 6 COPOS (1,42 L)

## Ingredientes

- 2 colheres de chá de óleo

- 1 colher de chá rasa de sementes de cominho

- $\frac{1}{2}$ colher de chá de açafrão em pó

- 4 tomates médios, descascados e picados grosseiramente

- 1 pedaço de raiz de gengibre, descascada e ralada ou picada

- 3 dentes de alho descascados e picados

- 1-2 chiles verdes tailandeses, serrano ou caiena, picados

- $\frac{1}{4}$ xícara (4 g) de coentro fresco picado

- $\frac{1}{2}$ colher de chá de pimenta vermelha em pó ou pimenta de Caiena

- 4 xícaras (948 ml) de água

- 1 colher de chá de sal marinho grosso

- $\frac{1}{2}$ colher de chá de pimenta preta moída

- Suco de $\frac{1}{2}$ limão

- 2 colheres de fermento nutricional

- Croutons, para decorar

**instruções**

a) Em uma panela grande de sopa, aqueça o óleo em fogo médio-alto.

b) Adicione o cominho e açafrão e cozinhe até as sementes chiarem, cerca de 30 segundos.

c) Adicione os tomates, raiz de gengibre, alho, pimenta, coentro, pimenta vermelha em pó e água. Leve para ferver.

d) Reduza o fogo para fogo médio-baixo e cozinhe por cerca de 15 minutos. Quando os tomates estiverem macios, processe com um liquidificador de imersão até ficar homogêneo.

e) Adicione o sal, pimenta preta, suco de limão e levedura nutricional, se estiver usando. Misture bem e sirva bem quente, decorado com croutons. Transforme isso em uma mini-refeição adicionando uma colher de sopa de arroz basmati marrom ou branco cozido em cada xícara antes de servir.

# 57. Sopa de Seitan Mulligatawny

## Ingredientes

- 1 xícara (192 g) de lentilhas vermelhas (marrons) secas (masoor dal), limpas e lavadas

- 8 xícaras (1,90 L) de água

- 1 cebola média, descascada e picada grosseiramente

- 2 tomates médios, descascados e picados grosseiramente (1 xícara cheia [160 g])

- 1 batata pequena, descascada e cortada em cubos

- 1 colher de sopa de pimenta preta inteira

- 1 colher de chá de açafrão em pó

- 1 pacote de seitan simples, escorrido e cortado em pedaços pequenos (2 xícaras)

- 2 colheres de chá de sal grosso

- 1 colher de chá de pimenta preta moída

- 1 colher (sopa) grama (grão de bico) farinha (besan)

- 3 colheres de óleo

- 3 colheres de sopa de pasta de gengibre e alho

- 2 colheres de chá de cominho moído

- 2 colheres de chá de coentro moído

- 1 colher de chá de pimenta vermelha em pó ou pimenta de Caiena

- Suco de 1 limão

**instruções**

a) Coloque as lentilhas, água, cebola, tomate, batata, pimenta e açafrão em uma panela grande e pesada. Deixe ferver em fogo médio-alto e, em seguida, reduza o fogo para ferver.

b) Cozinhe parcialmente coberto por 20 minutos.

c) Enquanto isso, misture o seitan, o sal e a pimenta-do-reino moída.

d) Quando a sopa terminar de cozinhar, misture-a até ficar homogênea com um liquidificador de imersão, um liquidificador comum ou um liquidificador mais potente. Misture em lotes, se necessário.

e) Polvilhe levemente o seitan com farinha de grama.

f) Em uma frigideira pequena, aqueça o óleo em fogo médio-alto.

g) Adicione a pasta de gengibre e alho e frite por 1 a 2 minutos. (Tenha uma tampa à mão; o óleo pode espirrar. Continue mexendo e abaixe o fogo, se necessário.)

h) Adicione o cominho, coentro e pimenta vermelha em pó e mexa por 1 minuto.

i) Adicione a mistura de seitan e cozinhe por mais 3 minutos, até dourar levemente.

j) Adicione esta mistura à sopa e deixe ferver.

k) Adicione o suco de limão.

l) Sirva bem quente, em taças. Você também pode adicionar uma colher de sopa de arroz cozido em cada tigela antes de adicionar a sopa para adicionar textura.

# 58. Sopa Verde Apimentada

RENDIMENTO: 8 COPOS

## Ingredientes

g)  2 colheres de óleo

h)  1 colher de chá de sementes de cominho

i)  2 folhas de cássia

j)  1 cebola amarela média, descascada e picada grosseiramente

k)  1 pedaço de raiz de gengibre, descascada e ralada ou picada

l)  10 dentes de alho descascados e picados grosseiramente

m)  1 batata pequena, descascada e picada grosseiramente

n)  1-2 chiles verdes tailandeses, serrano ou caiena, picados

o)  2 xícaras (290 g) de ervilhas frescas ou congeladas

p)  2 xícaras (60 g) de verduras picadas

q)  6 xícaras de água

r)  $\frac{1}{2}$ xícara (8 g) de coentro fresco picado

s)  2 colheres de chá de sal grosso

t)  $\frac{1}{2}$ colher de chá de coentro moído

u)  $\frac{1}{2}$ colher de chá de cominho moído torrado

v)  Suco de $\frac{1}{2}$ limão

w) Croutons, para decorar

**instruções**

a) Em uma panela funda e pesada, aqueça o óleo em fogo médio-alto.

b) Adicione as sementes de cominho e as folhas de cássia e aqueça até as sementes chiarem, cerca de 30 segundos.

c) Adicione a cebola, a raiz de gengibre e o alho. Cozinhe por mais 2 minutos, misturando de vez em quando.

d) Adicione a batata e cozinhe por mais 2 minutos.

e) Adicione as pimentas, as ervilhas e as verduras. Cozinhe por 1 a 2 minutos, até que as verduras murchem.

f) Adicione a água. Deixe ferver, abaixe o fogo e cozinhe sem tampa por 5 minutos.

g) Adicione o coentro.

h) Retire as folhas de cássia ou louro e misture com um liquidificador de imersão.

i) Devolva a sopa à panela. Adicione o sal, o coentro e o cominho moído. Retorne a sopa para ferver. Adicione o suco de limão.

## 59. Sopa de tomate e tamarindo

## Ingredientes

- $\frac{1}{2}$ xícara (96 g) de grão-de-bico seco e sem pele (toor dal), limpo e lavado

- 4 tomates médios, descascados e picados grosseiramente (4 xícaras [640 g])

- 1 pedaço de raiz de gengibre, descascada e ralada ou picada

- 2 colheres de chá de sal grosso

- 1 colher de chá de açafrão em pó

- 1 xícara (237 ml) de suco de tamarindo

- 2 colheres de sopa Rasam em pó

- 7 xícaras (1,66 L) de água

- 1 colher de óleo

- 1 colher de chá de sementes de mostarda preta

- 1 colher de chá de sementes de cominho

- 15-20 folhas de curry, picadas grosseiramente

- 1 colher de sopa de coentro fresco picado, para decorar

- Fatias de limão, para decorar

**instruções**

a) Coloque o grão de bico, tomate, raiz de gengibre, sal, açafrão, suco de tamarindo, Rasam em pó e água no fogão lento. Cozinhe em fogo alto por 3 horas e meia.

b) Bata com um liquidificador de imersão, em um liquidificador tradicional ou em um liquidificador potente.

c) Enquanto isso, no fogão, faça a temperagem (tarka). Em uma frigideira, aqueça o azeite em fogo médio-alto. Adicione a mostarda e o cominho e cozinhe até a mistura chiar, cerca de 30 segundos. Adicione as folhas de curry e cozinhe até que as folhas fiquem levemente marrons e comecem a enrolar. Tenha cuidado para misturar ocasionalmente para que os temperos não queimem. Após 1 a 2 minutos, coloque a mistura quente no fogão lento.

d) Cozinhe a sopa por mais 30 minutos e sirva imediatamente, guarnecida com o coentro e uma fatia de limão.

# 60. Caldo de Sopa de Tomate

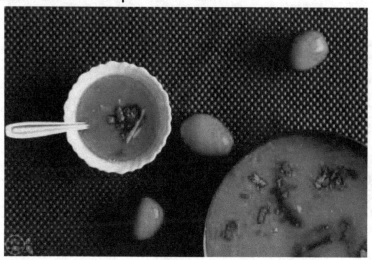

RENDIMENTO: 4½ XÍCARAS (1,1 L)

## Ingredientes

- 1 cebola grande, descascada e picada grosseiramente

- 4 tomates grandes, descascados e picados grosseiramente

- 1 xícara (96 g) de raiz de gengibre descascada e picada grosseiramente

- 10 dentes de alho descascados e aparados

- 1 colher de sopa de açafrão em pó

- ¼ xícara de óleo (59ml)

## instruções

a) Coloque todos os ingredientes na panela lenta e misture delicadamente.

b) Cozinhe em fogo alto por 6 horas.

c) Processe a mistura até ficar homogênea usando um liquidificador de imersão, um liquidificador tradicional, um processador de alimentos ou um liquidificador potente.

d) Retorne a mistura para o fogão lento e cozinhe por mais uma hora em fogo alto. Conserve na geladeira por até 1 semana ou no freezer por até 3 meses.

# 61. Sopa de Gengibre

## Ingredientes

- 2 cebolas amarelas grandes, descascadas (4 xícaras [600 g] moídas)

- 2 libras de raiz de gengibre, descascada (4 xícaras moídas)

- 2 xícaras cheias de alho, descascado e aparado

- 4 colheres de sopa (24 g) de sementes de cominho

- 4 colheres de sopa (27 g) de açafrão em pó

- $\frac{1}{2}$ xícara (119 ml) de óleo

- $\frac{1}{2}$ xícara (119 ml) de água

## instruções

a) Moa as cebolas, a raiz de gengibre e o alho separadamente em um liquidificador poderoso. A chave é moer cada ingrediente o mais finamente possível.

b) Adicione o cominho, açafrão e óleo ao fogão lento.

c) Limpe o copo do liquidificador com a água e despeje na panela lenta. Misture delicadamente.

d) Cozinhe em fogo alto por 10 horas. Essa mistura dura até 1 semana na geladeira e até 3 meses no freezer.

# 62. Sopa de leite de soja com gengibre

RENDIMENTO: $3\frac{1}{2}$ XÍCARAS (3,32 L)

## Ingredientes

- 2 xícaras de leite de soja sem açúcar

- $\frac{1}{4}$ xícara (59 ml) Adarak Masala

- $\frac{1}{2}$ colher de chá de sal grosso

- $\frac{1}{2}$ colher de chá de pimenta vermelha em pó ou pimenta de Caiena

- 1-3 chiles verdes tailandeses, serrano ou caiena, picados

- $\frac{1}{2}$ xícara (119 mL) de água (opcional)

- $\frac{1}{4}$ xícara (4 g) de coentro fresco picado

## instruções

- Em uma panela em fogo médio-alto, leve o leite de soja para ferver levemente.

- Adicione o Adarak Masala, sal, pimenta vermelha em pó, pimenta verde e água (se estiver usando). Deixe ferver, adicione coentro e sirva com roti grosso ou naan.

# CALDO

# 63. caldo tonyu

## Ingredientes:

- 500 g de ossos de peru (quebrados)

- 1 litro de leite de soja

- 20g de gengibre (fatiado)

- 1 talo de alho-poró (bem picado)

- sal

- 400ml de água

## Instruções:

a) Pegue uma panela grande e adicione os ossos de peru, alho-poró, gengibre e 400 ml de água.

b) Deixe tudo cozinhar por cerca de 15 minutos com a tampa fechada.

c) Abra a tampa e espere até que o caldo reduza para aprox. 100-150ml.

d) Adicione o leite de soja e deixe cozinhar por mais 10 minutos. Atenção: o leite de soja queima facilmente.

e) Coe o caldo. Coloque 235 ml cada em uma tigela de sopa. Adicione macarrão e coberturas conforme desejado.

# 64. caldo de missô

## Ingredientes:

- 1 cenoura média (descascada e picada grosseiramente)

- $\frac{1}{2}$ cebola (descascada e picada grosseiramente)

- $\frac{1}{2}$ maçã (com casca, descascada e cortada grosseiramente)

- 1 talo de aipo (cortado grosseiramente)

- 3 dentes de alho (descascados)

- 120ml de óleo de coco

- 2 colheres de sopa de óleo de gergelim

- 340 g de carne moída

- 2 colheres de chá de gengibre fresco (fatiado)

- 1 colher de chá de siracha

- 2 colheres de sopa de molho de soja

- 1 colher de chá de vinagre de maçã

- 1 colher de chá de sal

- 1 colher de gergelim

- 175 ml Shiro Miso (miso branco, leve e doce)

- 175 ml Akamiso Miso (miso vermelho, escuro e salgado)

- 475 ml de caldo de galinha ou legumes

**Instruções:**

a) Enganche finamente a cenoura, a cebola, a maçã e o aipo.

b) Coloque o óleo de coco e 1 colher de chá de óleo de gergelim em uma panela grande em fogo médio. Em seguida, os legumes e frutas picados são fritos na panela por cerca de 10-12 minutos, até que a cebola fique translúcida e a maçã esteja levemente dourada. Em seguida, reduza um pouco o fogo.

c) Adicione o hidromel à panela e espere cerca de 8 a 10 minutos até que o hidromel não esteja mais rosa. Adicione o gengibre, o molho de soja, o vinagre de maçã e o sal e mexa tudo bem.

d) Coloque toda a mistura no processador de alimentos até que a carne esteja bem moída. Alternativamente, você pode, por exemplo, B. usar um espremedor de batatas.

e) Adicione as sementes de gergelim e missô à mistura e mexa bem. A consistência deve ser como uma pasta grossa. Isso cria a base de missô.

f) Leve o caldo de legumes ou de frango para ferver. Adicione 6 colheres de chá de base de missô.

g) Coloque a sopa pronta em duas tigelas (aprox. 235 ml cada) e adicione massa e coberturas conforme desejado.

## 65. Caldo Dashi

## Ingredientes:

- 10g de kombu
- 10 g de flocos de bonito
- 720ml de água

## Instruções:

a) Pegue uma panela com min. 500 ml de capacidade e coloque os flocos de bonito em uma panela e o kombu na outra.

b) Leve as duas panelas ao fogo e deixe cozinhar por 1 hora.

c) Por fim, coe os ingredientes e adicione as duas cervejas.

d) Coloque 235 ml cada em uma tigela de sopa. Adicione macarrão e coberturas conforme desejado.

## 66. caldo tonkotsu

**Ingredientes:**

- Seabura (lombo de porco cozido)

- 700 g de lombo de porco cortado em tiras

- agua

**caldo tonkotsu**

- 225 g de pés de frango (lavados, sem pele e sem dedos)

- 3,6 - 4,5 kg de joelho de porco (quebrado, para medula óssea)

- 455 g de batatas (descascadas e cortadas grosseiramente)

- 4,7 litros de água

- Shiodare (para o sabor salgado)

- 1 pedaço retangular grande de kombu (aprox. 25 cm de comprimento, cortado grosseiramente)

- 2 cogumelos Shiitake pequenos secos (esmagados)

- 946ml de água

- 2 colheres de chá de flocos de bonito

- 300 g de conchas de tapete

- 140 gr de sal

- Shoyudare (para o sabor do molho de soja)

**Instruções:**

a) Antes de começar, prepare o chashu.

b) Comece pelo Seabura: coloque o lombo de porco em uma panela e cubra com água. Leve a água para ferver brevemente e deixe ferver por 4 horas.

c) Cozinhar o caldo Tonkotsu: Ferva a água em uma panela separada. Escalde os pés de frango, seque-os e coloque-os na panela de pressão com o pernil e as batatas. Cubra tudo com 4,7 litros de água. Certifique-se de que a água e outros ingredientes não encha mais da metade da panela.

d) Aqueça a panela até que o vapor saia da válvula de pressão (isso pode levar até 20 minutos). Aguarde aprox. 10 minutos até que a panela esteja cheia de vapor. Ajuste o fogo para o nível mais alto e deixe cozinhar por uma hora.

e) Fazendo o Shiodare: Pegue uma panela média e ferva o kombu, os cogumelos shiitake e 950 ml de água. Reduza o fogo e foram cerca de 5 minutos. Retire os cogumelos kombu e shiitake e transfira o líquido para uma panela média limpa.

f) Adicione os flocos de bonito ao líquido, deixe ferver. Deixe ferver por 5 minutos. Esprema os flocos de bonito e retire-os da sopa. Coloque a sopa em uma panela média limpa.

g) Deixe a sopa ferver e adicione as amêijoas. Deixe ferver por 5 minutos. Retire os mexilhões com uma peneira. Transfira um litro do caldo para uma nova panela e adicione o sal (140 g).

h) Depois de uma hora, tire a panela de pressão do fogão e solte a pressão. Esmague os ossos de porco para expor a medula óssea. Cozinhe tudo em temperatura baixa por mais uma hora, mexendo sempre.

i) Adicione uma colher de chá de chashu e shiodare às tigelas de sopa que você planeja usar com a refeição.

j) Retire a sela de porco fervendo do fogão e despeje a água. Corte a carne em pedaços menores (cerca de 5 cm). Empurre a carne inteira pedaço por pedaço através de uma peneira grossa para cortá-la. Seabura está pronto.

k) Coe a sopa da panela de pressão e coloque-a em uma panela separada e mantenha-a quente. Leve a sopa a ferver novamente antes de servir.

l) Corte o Chashu em pedaços de 6 mm e frite-os em uma panela até ficarem crocantes.

m) Para finalizar sua sopa, adicione a sopa Tonkotsu bem quente (235 ml) à tigela de sopa. Adicione uma colher de chá de Seabura a cada porção. Adicione macarrão e coberturas conforme desejado.

# 67. caldo shoyu

**Ingredientes:**

- 4 colheres de chá de óleo de coco

- 2 cenouras médias (descascadas e picadas grosseiramente)

- $\frac{1}{2}$ cebola (descascada e picada grosseiramente)

- 3 cebolinhas (cortadas)

- 1 maçã (sem casca, descascada e cortada grosseiramente)

- 2 talos de aipo (cortados grosseiramente)

- 5 dentes de alho (descascados)

- 5 cogumelos shiitake secos (partidos em pedaços pequenos)

- 1 frango inteiro

- 4 pedaços de rabo de boi (aprox. 5 cm cada)

- 1 limão (quartos)

- 2,2 litros de caldo de galinha com baixo teor de sódio

- 175ml de molho de soja

- 4 colheres de sopa de grânulos de dashi

- 2 colheres de chá de sal

- $\frac{1}{2}$ colher de chá de pimenta branca

- 1 folha de louro

**Instruções:**

a) Coloque o óleo de coco, cenoura, cebola, maçã, aipo, Konoblauch e a pilha de Shiitake seca na caçarola.

b) Em seguida, adicione o frango inteiro, a rabada e o limão. Coloque o forno holandês no forno por 8-10 horas e aqueça a 90 ° C. Quando a rabada sair do osso com facilidade, está pronto.

c) Use uma escumadeira para remover os pedaços mais grossos. Coe o restante em uma panela grande. Agora você deve ter uma sopa marrom, brilhante e com alto teor de gordura.

d) Leve a sopa para ferver em uma panela. Coloque 235 ml da sopa em cada tigela de sopa. Adicione macarrão e coberturas conforme desejado.

## 68. caldo shio

## Ingredientes:

- 1 cenoura média (descascada e picada grosseiramente)
- $\frac{1}{2}$ cebola (descascada e picada grosseiramente)
- 3 cebolinhas (cortadas)
- $\frac{1}{2}$ maçã (com casca, descascada e cortada grosseiramente)
- 1 talo de aipo (cortado)
- 3 dentes de alho
- 5 cogumelos shiitake frescos
- 120ml de óleo de coco
- 1 colher de chá de óleo de gergelim
- 3 colheres de sopa de grânulos de dashi
- 2 colheres de chá de sal

## Caldo:

- 2 colheres de chá de manteiga sem sal (por porção)
- Caldo de frango ou vegetais com baixo teor de sódio (235 ml por porção)
- Mirin (vinho de arroz doce; 2 colheres de chá por porção)
- 1 pedaço retangular grande de kombu (aprox. 25 cm de comprimento, cortado grosseiramente)

- Cogumelos shiitake secos (esmagados; 2 cogumelos por porção)

## Instruções:

a) Coloque a cenoura, a cebola, a cebolinha, a maçã, os dentes de alho e os cogumelos shiitake frescos em um processador de alimentos e pique tudo até formar uma pasta.

b) Aqueça o óleo de coco e o óleo de gergelim em uma panela média em fogo médio. Adicione a pasta de frutas e legumes e cozinhe por cerca de 10-12 minutos. Em seguida, adicione os grânulos de dashi e o sal. Mexa bem.

c) Para o caldo, coloque a manteiga em uma panela grande e leve ao fogo médio. Quando a manteiga começar a ficar levemente marrom e com cheiro de nozes, adicione o caldo de galinha ou de legumes, mirin, kombu e os cogumelos shiitake secos. Leve ao fogo.

d) Em seguida, reduza o fogo e deixe cozinhar por 15 minutos. Use uma escumadeira para remover os pedaços mais grossos. Adicione a base de vegetais e frutas Shio.

e) Coloque 235 ml cada em uma tigela de sopa. Adicione macarrão e coberturas conforme desejado.

# 69. caldo vegano dashi

## Ingredientes:

- 25 g de cogumelos shiitake (secos)

- 10g de kombu

- 1 litro de água

## Instruções:

a) Pegue uma panela com min. 500 ml de capacidade e coloque o Shiitake Pile em um pote e o kombu no outro.

b) Leve as duas panelas ao fogo e deixe cozinhar por 1 hora.

c) Por fim, coe os ingredientes e adicione as duas cervejas.

d) Coloque 235 ml cada em uma tigela de sopa. Adicione macarrão e coberturas conforme desejado.

# 70. Caldo Vegetariano Kotteri

porções: 8

## Ingredientes:

- 500 g de abóbora (aprox. 300 g descascada e cortada grosseiramente)

- 2 cebolas (descascadas e picadas grosseiramente)

- 3 dentes de alho (descascados)

- 100 g de cogumelos shiitake frescos

- 6 cogumelos shiitake secos

- 6-8 g de kombu

- 2 litros de água

- 2 colheres de chá de páprica em pó

- 2 colheres de sopa de gengibre (picado)

- 75ml de molho de soja

- 4 WL pasta de missô

- 3 colheres de vinagre de arroz

- 3 colheres de óleo de coco

- 2 colheres de chá de sal

- azeite

**Instruções:**

a) Pré-aqueça o forno a 250°C.

b) Pegue uma panela grande e ferva cerca de 2 litros de água. Adicione os cogumelos shiitake secos e o kombu. Reduza o fogo e deixe tudo cozinhar por cerca de 1 hora.

c) Misture a abóbora, a cebola, o alho e os cogumelos shiitake frescos com um pouco de azeite e páprica e espalhe em uma assadeira.

d) Cozinhe os legumes no forno por cerca de 15

e) minutos. Reduza a temperatura para 225°C e cozinhe por mais 15 minutos.

f) Depois que o caldo ferver por uma hora, retire os cogumelos e o kombu e adicione os legumes e o gengibre. Deixe o caldo ferver por 20 minutos com a tampa fechada.

g) Purê o caldo finamente.

h) Em seguida, adicione pasta de missô, molho de soja, vinagre de arroz, óleo de coco e sal e bata o caldo novamente. Se necessário, o caldo pode ser diluído com água.

i) Coloque 235 ml cada em uma tigela de sopa. Adicione macarrão e coberturas conforme desejado.

# 71. Caldo de legumes umami

porções: 12

**Ingredientes:**

- 2 colheres de sopa de pasta de missô light

- 2 colheres de sopa de óleo de colza

- 2 colheres de água

- 2 cebolas (descascadas e bem picadas)

- 2 cenouras (descascadas e picadas grosseiramente)

- 4 talos de aipo (bem picados)

- 1 talo de alho-poró (bem picado)

- 1 bulbo de erva-doce (picado finamente)

- 5 raízes de coentro

- 1 cabeça de alho (cortada ao meio)

- $\frac{1}{2}$ maço de salsa lisa

- 5 cogumelos shiitake secos

- 20g de kombu

- 2 colheres de chá de sal

- 1 colher de chá de pimenta preta

- 2 folhas de louro

- $\frac{1}{2}$ colher de chá de sementes de mostarda amarela

- $\frac{1}{2}$ colher de chá de sementes de coentro

- 3,5 litros de água

**Instruções:**

a) Misture a pasta de missô com o óleo de colza e 2 colheres de sopa de água e reserve.

b) Coloque os legumes, o kombu e os cogumelos shiitake em uma assadeira. Regue a pasta de missô mista sobre ele. Deixe tudo no forno por 1 hora a 150 ° C. Vire-o no meio.

c) Em seguida, coloque os legumes assados em uma panela grande. Adicione as especiarias e despeje a água. Leve tudo para ferver, reduza o fogo e deixe cozinhar por 1,5 horas.

d) Coloque 235 ml cada em uma tigela de sopa. Adicione macarrão e coberturas conforme desejado.

# 72. Sopa de Cebola Clara

Porções: 6

## Ingredientes

- 6 xícaras de caldo de legumes (pode usar caldo de frango ou carne também, ou uma combinação de ambos, se você tiver. certifique-se de usar uma variedade com baixo teor de sódio)

- 2 cebolas (picadas)

- 1 talo de aipo (picado)

- 1 cenoura (descascada e cortada em cubos)

- 1 colher (sopa) de alho (picado)

- $\frac{1}{2}$ colher de chá de gengibre (picado)

- 1 colher de chá de óleo de gergelim

- 1 xícara de cogumelos (em fatias bem finas)

- $\frac{1}{2}$ xícara de cebolinha (fatiada)

- a gosto sal e pimenta

- a gosto molho de soja (opcional)

- a gosto Sriracha (opcional)

## instruções

a) Refogue a cebola em uma panela com um pouco de azeite até caramelizar levemente. Cerca de 10 minutos.

b) Adicione a cenoura, o aipo, o alho e o gengibre, o óleo de gergelim e o caldo. Tempere a gosto com sal e pimenta.

c) Deixe ferver e depois cozinhe por 30 minutos.

d) Coe os legumes do caldo.

e) Adicione um punhado de cebolinha e cogumelos em fatias finas às tigelas. Despeje a sopa por cima.

f) Opcional: Adicione um pouco de molho de soja e sriracha a gosto.

# SOPAS DE RAMEN

# 73. Sopa de ramen para bebês

Porções: 4

## Ingredientes

- 2 (14 1/2 onças) latas de caldo de galinha

- 1/2 lb. bok choy, cortado ao meio longitudinalmente

- 2 cebolas verdes, cortadas em comprimentos de 2 polegadas

- gengibre fresco, picado

- 1 dente de alho, picado

- 1 1/2 colheres de chá de molho de soja

- 1 (3 1/2 onças) pacotes de macarrão ramen

- 1/4 libra de presunto fatiado

- 4 ovos cozidos, descascados e cortados em quatro

- 1 colher de chá de óleo de gergelim

## instruções

f) Coloque uma panela em fogo médio. Junte o caldo, a couve chinesa, a cebolinha, o gengibre, o alho e o molho de soja.

g) Cozinhe-os por 12 minutos. Adicione o macarrão à panela. Deixe a sopa cozinhar por mais 4 minutos.

h) Sirva sua sopa quente com suas coberturas favoritas. Aproveitar.

## 74. Sopa de macarrão Nori

Porções: 4

**Ingredientes**

- 1 pacote de macarrão soba seco

- 1 C. estoque de dashi preparado

- 1/4 C. molho de soja

- 2 colheres de mirim

- 1/4 colheres de chá de açúcar branco

- 2 colheres de sopa de sementes de gergelim

- 1/2 C. cebolinha picada

- 1 folha de nori (alga seca), cortada em tiras finas (opcional)

**instruções**

a) Cozinhe o macarrão de acordo com as instruções da embalagem. Escorra e resfrie com um pouco de água.

b) Coloque uma panela pequena em fogo médio. Misture o dashi, o molho de soja, o mirin e o açúcar branco. Cozinhe até começar a ferver.

c) Desligue o fogo e deixe a mistura perder calor por 27 minutos. Divida as sementes de gergelim com macarrão em tigelas e despeje a sopa de caldo por cima.

d) Decore suas tigelas de sopa com o nori e as cebolas verdes.

e) Aproveitar.

## 75. Sopa de gergelim Ramen

Porções: 4

## Ingredientes

- 1 libra de bife redondo superior, julienne

- 1 colher de óleo de amendoim

- 1/2 colheres de óleo de gergelim

- 1 polegada de gengibre fresco, finamente ralado

- 2 dentes de alho, picados

- 1/4-1/2 colheres de chá de flocos de pimenta vermelha esmagados

- 3 C. caldo de carne

- 2 maços de cebolinha, em cubos

- 2 colheres de sopa de vinagre de arroz

- 2 (3 onças) pacotes de macarrão ramen, pacote removido 1/2 C. minicenouras, raladas

## instruções

a) Coloque uma frigideira grande em fogo médio. Aqueça nele 1/3 de cada um dos óleos.

b) Refogue nele o gengibre, o alho e os pimentões vermelhos. Cozinhe-os por 1 minuto. Junte 1/3 das fatias de carne. Cozinhe-os por 4 minutos. Coloque a mistura de lado.

c) Repita o processo com a carne restante e o óleo até terminar. Coloque uma panela grande em fogo médio. Misture o caldo, o vinagre e a cebolinha. Cozinhe-os até começarem a ferver.

d) Abaixe o fogo e cozinhe até começar a ferver. Misture o ramen e cozinhe por 4 a 4 minutos ou até que esteja pronto.

e) Coloque o macarrão na tigela de servir e cubra com a carne refogada. Sirva quente.

## 76. Creme de ramen e cogumelos

Porções: 4

## Ingredientes

- 1 (3 onças) pacotes de macarrão ramen com sabor de frango

- 1 (10 3/4 onças) latas de creme de sopa de cogumelos

- 1 (3 onças) latas de frango

**instruções**

a)  Prepare o ramen de acordo com as instruções da embalagem.

b)  Coloque uma panela grande em fogo médio. Junte a sopa, o frango e os temperos. Cozinhe-os por 6 minutos.

c)  Escorra o macarrão e divida-o entre tigelas de servir. Coloque a mistura de sopa sobre ele e sirva quente. Aproveitar.

# 77. Sopa de caril de macarrão

Porções: 4

## Ingredientes

- 3 cenouras cortadas em pedaços pequenos

- 1 cebola pequena, cortada em pedaços pequenos

- 3 colheres de água

- 1/4 C. óleo vegetal

- 1/2 xícara de farinha de trigo

- 2 colheres de farinha de trigo

- 2 colheres de caril vermelho em pó

- 5 C. caldo de legumes quente

- 1/4 C. molho de soja

- 2 colheres de chá de xarope de bordo

- 8 onças. macarrão udon, ou mais a gosto

## instruções

a) Pegue uma tigela para micro-ondas: misture a água com a cenoura e a cebola. coloque a tampa e cozinhe-os em alta por 4 minutos e 30 segundos.

b) Coloque uma panela de sopa em fogo médio. Aqueça o óleo nele. Adicione a ele 1/2 C. mais 2 colheres de sopa de farinha e misture-os para fazer uma pasta.

c) Adicione o curry com o caldo quente e cozinhe por 4 minutos enquanto mistura o tempo todo. Adicione a cebola cozida e a cenoura com molho de soja e xarope de bordo.

d) Cozinhe o macarrão de acordo com as instruções da embalagem até ficar macio.

e) Cozinhe a sopa até começar a ferver. Misture o macarrão e sirva sua sopa quente.

# 78. Sopa de macarrão japonês com cogumelos

## Ingredientes

- 2oz Buna shimeji cogumelo
- 1 pacote. Macarrão soba ou seu macarrão preferido. Cozido e escorrido de acordo com as instruções
- 3 colheres de sopa de base de sopa mizkan
- 2 ovos cozidos, partidos e partidos ao meio
- 1 maço de bok choy ou alface
- 2 xícaras. Água
- 2 colheres de chá de sementes de gergelim branco
- Cebolinha, picada

## Instruções

e) Em uma panela média, ferva a água e adicione a base da sopa e a couve chinesa e o cogumelo. Cozinhe por 2 minutos.

f) Disponha o macarrão cozido em pratos/tigelas. Coloque as metades dos ovos e regue a sopa por cima

g) Decore com cebolinha e sementes de gergelim

h) Sirva com os pauzinhos

# 79. Sopa de Frango

Porções: 4

## Ingredientes

- 2 colheres de azeite

- 1 $\frac{1}{2}$ xícaras de alho-poró, finalmente picado

- 3 dentes de alho, picados

- 1 $\frac{1}{2}$ quilo de peito de frango, desossado, cortado em tiras pequenas

- 6-7 xícaras de caldo de galinha

- Sal e pimenta a gosto

- 1-2 pacotes de macarrão ramen

- 1 limão médio, cortado em quartos

- 1 ovo cozido, se desejar

- 1 cebolinha picada, para decorar

## instruções:

1. Aqueça um pouco de óleo em uma panela em fogo médio.

2.  Adicione o alho-poró e o alho, frite até que os ingredientes estejam cozidos e macios, mexendo.

3.  Adicione as tiras de frango e cozinhe por cerca de 4-5 minutos.

4.  Adicione um pouco de caldo de galinha, sal e pimenta e deixe ferver. Reduza o fogo e cozinhe a sopa por 10-12 minutos.

5.  Agora, adicione o macarrão e cozinhe até ficar firme.

6.  Retire do fogo e adicione um pouco de suco de limão.

7.  Divida a sopa entre 3-4 tigelas.

8.  Cubra com algumas cebolinhas e ovo.

9.  Sirva e aproveite.

# 80. Sopa de Ramen de Porco

Porções: 4

## Ingredientes

- 3 colheres de óleo de canola

- 2-3 costeletas de porco sem osso

- sal e pimenta preta a gosto

- 8-10 cebolinhas, em fatias, partição verde e branca separada

- 1 gengibre de 2 polegadas, fatiado

- 8 xícaras de caldo de galinha

- 3 colheres de vinagre

- 2-3 pacotes de macarrão instantâneo

- 2 colheres de sopa de molho de soja

- 2 cenouras, descascadas, raladas

- 2-3 rabanetes, em fatias finas

- $\frac{1}{4}$ xícara de folhas de coentro, picadas

**instruções:**

1. Aqueça uma panela em fogo médio por 5 minutos. Adicione um pouco de óleo e cozinhe a carne de porco até ficar bem cozida, 5-6 minutos de cada lado.

2. Tempere-o com sal e pimenta.

3. Transfira para um prato e cubra com papel alumínio. Reserve por 5 minutos.

4. Na mesma panela frite a cebolinha com gengibre e cozinhe por 30-50 segundos.

5. Adicione um pouco de caldo e deixe ferver.

6. Adicione o macarrão e cozinhe por 2-3 minutos.

7. Misture um pouco de molho de soja e vinagre.

8. Transfira a sopa para tigelas e cubra com carne de porco, cebolinha, cenoura picada, rabanetes fatiados e coentro.

# 81.Sopa de Ramen de Carne Fácil

Porções: 2

## Ingredientes

- Bife de flanco de 1 libra
- 1 libra Choy Sum, picado
- 4-5 dentes de alho, picados
- 3-4 cebolinhas, brancas e verdes separadas, picadas
- 2 xícaras de Cogumelos Enoki, fatiados
- 1 pedaço de 1 polegada de gengibre
- 4 colheres de sopa de Demi Glace
- 4 colheres de sopa de pasta de missô
- 3 colheres de sopa de molho de soja
- 2 colheres de sopa de molho Hoisin
- 2 pacotes de Macarrão Ramen, cozido
- 3 colheres de óleo de cozinha

## instruções:

1. Adicione um pouco de óleo de cozinha a uma wok e frite a carne de porco de ambos os lados até dourar bem. Retire da wok e reserve.

2. Adicione 5-6 xícaras de água, alho, molho de soja, Demi-glace, gengibre, cogumelos, molho hoisin, choy chum e cebolinha em uma panela grande, cozinhe até amolecer.

3. Agora, adicione a carne de porco frita e cubra com uma tampa, cozinhe novamente por 10-12 minutos.

4. Agora, adicione o missô e o macarrão, deixe ferver novamente.

5. Concha para tigelas e cubra com cebolinha.

.

## 82. Sopa de Peixe Ramen

Porções: 2

## Ingredientes

- 2 filés de peixe médios, cortados em fatias de 2 polegadas

- $\frac{1}{4}$ xícara de cebolinha, picada

- 3 cenouras, descascadas, fatiadas

- 2 pacotes de macarrão instantâneo

- 1 colher de chá de sal

- 4-5 dentes de alho, picados

- 2 colheres de óleo de cozinha

- $\frac{1}{4}$ colher de chá de pimenta preta

- 4 xícaras de caldo de galinha

- 2 colheres de sopa de molho de soja

- 2 colheres de sopa de molho de peixe

## instruções:

1. Adicione o caldo de galinha, alho, óleo de cozinha, sal e pimenta em uma panela e deixe ferver.

2. Adicione as cenouras, cozinhe tampado por 5-8 minutos em fogo médio.

3. Adicione o peixe, a cebola e o macarrão, cozinhe por 3-4 minutos ou até ficar pronto.

4. Adicione um pouco de molho de peixe e molho de soja, misture para combinar.

5. Servir quente.

# 83. Sopa de Camarão

Porções: 1

## Ingredientes

- 5-6 camarões

- 1 pacote de macarrão, com especiarias

- $\frac{1}{4}$ colher de chá de sal

- 1 colher de óleo vegetal

- 2-3 dentes de alho, picados

- 2 xícaras de caldo de galinha

## instruções:

1. Aqueça um pouco de óleo em uma panela e frite um pouco de alho picado por 30 segundos.

2. Junte os camarões e refogue por 4 minutos.

3. Adicione todas as especiarias, macarrão e água, deixe ferver por 3-4 minutos.

4. Coloque em uma tigela de servir.

# 84. Sopa de Ramen com Cogumelos

Porções: 2

## Ingredientes

- 2 xícaras de folhas de espinafre
- 2 pacotes de macarrão instantâneo
- 3 xícaras de caldo de legumes
- 3-4 dentes de alho, picados
- $\frac{1}{4}$ colher de chá de cebola em pó
- Sal e pimenta a gosto
- 1 colher de óleo vegetal
- $\frac{1}{4}$ xícara de cebolinha, picada
- 3-4 cogumelos, picados

## instruções:

1. Adicione o caldo de legumes, sal, óleo e alho em uma panela e ferva por 1-2 minutos.

2. Agora, adicione o macarrão, cogumelos, cebolinha, espinafre e pimenta preta, cozinhe por 2-3 minutos.

3. Desfrute quente.

# 85. Sopa de Ramen de Cogumelos

Porções: 2

## Ingredientes

- 2 xícaras de cogumelos, fatiados
- 2 pacotes de macarrão instantâneo
- 1 colher de chá de pimenta preta
- 2 colheres de sopa de molho picante
- 2 colheres de sopa de molho de soja
- 1 colher de sopa de molho inglês
- $\frac{1}{4}$ colher de chá de sal
- 3 xícaras de caldo de legumes
- 1 cebola, picada
- 2 colheres de sopa de molho de pimenta
- 2 colheres de óleo de amendoim

## instruções:

1. Aqueça o óleo em uma panela e frite os cogumelos por 5-6 minutos em fogo médio.

2. Adicione o caldo, sal, pimenta, molho picante, molho inglês, cebola e molho de soja, misture bem. Ferva por alguns minutos.

3. Adicione o macarrão e cozinhe por 3 minutos.

4. Quando terminar, transfira para uma tigela e cubra com molho de pimenta.

5. Aproveitar.

# CARIL

## 86. Curry de abóbora com sementes picantes

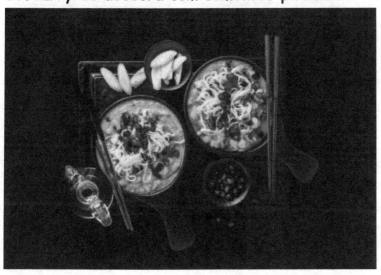

## Ingredientes

e)  3 xícaras de abóbora – cortada em pedaços de 1-2 cm

f)  2 colheres de óleo

g)  ½ colher de sopa de sementes de mostarda

h)  ½ colher de sopa de sementes de cominho

i)  Pinch asafetida

j)  5-6 folhas de curry

k)  ¼ colher de sopa de sementes de feno-grego

l)  1/4 colher de sopa de sementes de erva-doce

m)  1/2 colher de gengibre ralado

n)  1 colher de sopa de pasta de tamarindo

o)  2 colheres de sopa – coco seco e moído

p)  2 colheres de sopa de amendoim torrado

q)  Sal e açúcar mascavo ou mascavo a gosto

r)  Folhas de coentro fresco


## instruções

- Aqueça o azeite e adicione as sementes de mostarda. Quando estourar, adicione o cominho, o feno-grego, a asafetida, o gengibre, as folhas de curry e o funcho. Cozinhe por 30 segundos.

- Adicione a abóbora e o sal. Adicione a pasta de tamarindo ou água com a polpa dentro. Adicione o açúcar mascavo ou mascavo. Adicione o coco moído e o amendoim em pó. Cozinhe por mais alguns minutos. Adicione coentro fresco picado.

## 87. Caril de Peixe Tamarindo

Serve 4 porções

## Ingredientes

i) 11/2 libras, peixe branco, cortado em pedaços

j) 3/4 colher de chá e 1/2 colher de chá de açafrão em pó

k) 2 colheres de chá de polpa de tamarindo, embebida em 1/4 xícara de água quente por 10 minutos

l) 3 colheres de óleo vegetal

m) 1/2 colher de chá de sementes de mostarda preta

n) 1/4 colher de chá de sementes de feno-grego

o) 8 folhas de curry frescas

p) cebola grande, picada

q) Pimentões verdes serrano, sem sementes e picados

r) tomates pequenos, picados

s) 2 pimentões vermelhos secos, picados grosseiramente

t) 1 colher de chá de sementes de coentro, trituradas grosseiramente

u) 1/2 xícara de coco desidratado sem açúcar

v) Sal de mesa, a gosto

w) 1 xícara de água

## instruções

a) Coloque o peixe em uma tigela. Esfregue bem com 3/4 colher de chá de açafrão e reserve por cerca de 10 minutos. Enxágue e seque.

b) Coe o tamarindo e reserve o líquido. Descarte o resíduo.

c) Em uma frigideira grande, aqueça o óleo vegetal. Adicione as sementes de mostarda e as sementes de feno-grego. Quando começarem a estalar, adicione as folhas de curry, cebolas e pimentões verdes. Refogue por 7 a 8 minutos ou até que as cebolas estejam bem douradas.

d) Adicione os tomates e cozinhe por mais 8 minutos ou até que o óleo comece a se separar das laterais da mistura. Adicione a 1/2 colher de chá restante de açafrão, os pimentões vermelhos, as sementes de coentro, o coco e o sal; misture bem e cozinhe por mais 30 segundos.

e) Adicione a água e o tamarindo coado; leve para ferver. Abaixe o fogo e acrescente o peixe. Cozinhe em fogo baixo por 10 a 15 minutos ou até que o peixe esteja completamente cozido. Servir quente.

# 88. Salmão ao Curry com Sabor de Açafrão

Serve 4 porções

## Ingredientes

- 4 colheres de óleo vegetal
- 1 cebola grande, finamente picada
- colher de chá de pasta de gengibre e alho
- 1/2 colher de chá de pimenta vermelha em pó
- 1/4 colher de chá de açafrão em pó
- colheres de chá de coentro em pó
- Sal de mesa, a gosto
- 1 quilo de salmão, desossado e
- ao cubo
- 1/2 xícara de iogurte natural, batido
- 1 colher de chá de açafrão torrado

## instruções

a) Em uma frigideira grande e antiaderente, aqueça o óleo vegetal. Adicione a cebola e refogue por 3 a 4 minutos ou até ficar transparente. Adicione a pasta de gengibre e alho e refogue por 1 minuto.

b) Adicione o pó de pimenta vermelha, açafrão, coentro e sal; misture bem. Adicione o salmão e refogue por 3 a 4 minutos. Adicione o iogurte e abaixe o fogo. Cozinhe até que o salmão esteja cozido. Adicione o açafrão e misture bem. Cozinhe por 1 minuto. Servir quente.

# 89. Caril de Quiabo

## Ingredientes

- 250g de quiabo (dedo de senhora) – cortado em pedaços de um cm
- 2 colheres de gengibre ralado
- 1 colher de sopa de sementes de mostarda
- 1/2 colher de sopa de sementes de cominho
- 2 colheres de óleo
- Sal a gosto
- Pinch asafetida
- 2-3 colheres de sopa de amendoim torrado em pó
- Folhas de coentro

## instruções

a) Aqueça o azeite e adicione as sementes de mostarda. Quando estourar adicione cominho, asafetida e gengibre. Cozinhe por 30 segundos.

b) Adicione o quiabo e o sal e mexa até ficar cozido. Adicione o amendoim em pó, cozinhe por mais 30 segundos.

c) Sirva com folhas de coentro.

## 90. Caril de Coco Vegetal

## Ingredientes

- 2 batatas médias cortadas em cubos
- 1 1/2 xícaras de couve-flor – cortada em floretes
- 3 tomates r picados em pedaços grandes
- 1 colher de óleo
- 1 colher de sopa de sementes de mostarda
- 1 colher de sopa de sementes de cominho
- 5-6 folhas de curry
- Picar açafrão - opcional
- 1 colher de sopa de gengibre ralado
- Folhas de coentro fresco
- Sal a gosto
- Coco fresco ou seco – ralado

## instruções

a) Aqueça o óleo e adicione as sementes de mostarda. Quando eles estourarem, adicione os temperos restantes e cozinhe por 30 segundos.

b) Adicione a couve-flor, o tomate e a batata mais um pouco de água, tampe e cozinhe, mexendo de vez em quando até ficar cozido. Deve haver algum líquido restante. Se você quiser um curry seco, frite por alguns minutos até que a água evapore.

c) Adicione o coco, o sal e as folhas de coentro.

# 91. Caril Vegetal Básico

**Ingredientes:**

- 250g de legumes – picados
- 1 colher de chá de óleo
- $\frac{1}{2}$ colher de chá de sementes de mostarda
- $\frac{1}{2}$ colher de chá de sementes de cominho
- Pinch asafetida
- 4—5 folhas de curry
- $\frac{1}{4}$ colher de chá de açafrão
- $\frac{1}{2}$ colher de chá de coentro em pó
- Pimenta pimenta em pó
- Gengibre ralado
- Folhas de coentro fresco
- Açúcar / açúcar mascavo e sal a gosto
- Coco fresco ou seco

**instruções**

a) Corte os legumes em pedaços pequenos (1—2 cm) dependendo do vegetal.

b) Aqueça o óleo e adicione as sementes de mostarda. Quando estourar, adicione o cominho, o gengibre e as especiarias restantes.

c) Adicione os legumes e cozinhe. Neste ponto, você pode querer fritar os legumes até que estejam cozidos ou adicionar um pouco de água, tampe a panela e cozinhe.

d) Quando os legumes estiverem cozidos adicione qualquer açúcar, sal, coco e coentro

## 92. Curry de feijão preto e coco

## Ingredientes

- ½ xícara de feijão preto, germinado, se possível
- 2 xícaras de água
- 1 colher de óleo
- 1 colher de sopa de sementes de mostarda
- 1 colher de sopa de sementes de cominho
- 1 colher de sopa de asafetida
- 1 colher de sopa de gengibre ralado
- 5-6 folhas de curry
- 1 colher de cúrcuma
- 1 colher de sopa de coentro em pó
- 2 tomates - picados
- 1-2 colheres de sopa. amendoim torrado em pó
- Folhas de coentro fresco
- Coco fresco, ralado
- Açúcar e sal a gosto

## instruções

a) Deixe o feijão de molho em água por 6—8 horas ou durante a noite. Cozinhe o feijão em uma panela de pressão ou ferva em uma panela.

b) Aqueça o azeite e adicione as sementes de mostarda. Quando estourar adicione as sementes de cominho, asafetida, gengibre, folhas de curry, açafrão e coentro em pó. Adicione o amendoim torrado e os tomates.

c) Adicione o feijão e a água. Continue mexendo de vez em quando até ficar bem cozido.

d) Adicione mais água se necessário. Adicione açúcar e sal a gosto, decore com folhas de coentro e coco.

## 93. Caril de repolho

## Ingredientes

g)  3 xícaras de repolho—trincado

h)  1 colher de chá de óleo

i)  1 colher de chá de sementes de mostarda

j)  1 colher de chá de sementes de cominho

k)  4—5 folhas de curry

l)  Açafrão pitada r opcional

m)  1 colher de chá de gengibre ralado

n)  Folhas de coentro fresco

o)  Sal a gosto

p)  Opcional – ½ xícara de ervilhas verdes

## instruções

a)  Aqueça o óleo e adicione as sementes de mostarda. Quando eles estourarem, adicione os temperos restantes e cozinhe por 30 segundos.

b)  Adicione o repolho e outros vegetais se estiver usando, mexendo ocasionalmente até ficar bem cozido. Se necessário, pode-se adicionar água.

c)  Adicione sal a gosto e folhas de coentro.

## 94. Curry de couve-flor

## Ingredientes

- 3 xícaras de couve-flor – cortada em buquês

- 2 tomates—picado

- 1 colher de chá de óleo

- 1 colher de chá de sementes de mostarda

- 1 colher de chá de sementes de cominho

- Beliscar cúrcuma

- 1 colher de chá de gengibre ralado

- Folhas de coentro fresco

- Sal a gosto

- Coco fresco ou seco—trincado

## instruções

- Aqueça o óleo e adicione as sementes de mostarda. Quando eles estourarem, adicione os temperos restantes e cozinhe por 30 segundos. Se estiver usando adicione os tomates neste ponto e cozinhe por 5 minutos.

- Adicione a couve-flor e um pouco de água, tampe e cozinhe, mexendo de vez em quando até ficar bem cozido. Se desejar um curry mais seco, nos últimos minutos, retire a tampa e frite. Adicione o coco nos últimos minutos.

## 95. Curry de couve-flor e batata

## Ingredientes:

- 2 xícaras de couve-flor – cortada em buquês

- 2 batatas médias cortadas em cubos

- 1 colher de chá de óleo

- 1 colher de chá de sementes de mostarda

- 1 colher de chá de sementes de cominho

- 5—6 folhas de curry

- Beliscar cúrcuma—opcional

- 1 colher de chá de gengibre ralado

- Folhas de coentro fresco

- Sal a gosto

- Coco fresco ou seco – ralado

- Suco de limão – a gosto

## instruções

a) Aqueça o óleo e adicione as sementes de mostarda. Quando eles estourarem, adicione os temperos restantes e cozinhe por 30 segundos.

b) Adicione a couve-flor e a batata mais um pouco de água, tampe e cozinhe, mexendo de vez em quando até ficar quase cozido. Retire a tampa e frite até que os legumes estejam cozidos e a água tenha evaporado. Adicione o coco, o sal, as folhas de coentro e o suco de limão.

# Curry misto de legumes e lentilhas

## Ingredientes:

- $\frac{1}{4}$ xícara de toor ou mung dal

- $\frac{1}{2}$ xícara de legumes – fatiados

- 1 xícara de água

- 2 colher de chá de óleo

- $\frac{1}{2}$ colher de chá de sementes de cominho

- $\frac{1}{2}$ colher de chá de gengibre ralado

- 5—6 folhas de curry

- 2 tomates—picado

- Limão ou tamarindo a gosto

- Agrião a gosto

- $\frac{1}{2}$ sal ou a gosto

- Sambhar Masala

- Folhas de coentro

- Coco fresco ou seco

**instruções**

a) Ferva juntos o dal e os legumes em uma panela de pressão 15—20 minutos (1 apito) ou em uma panela.

b) Em uma panela separada, aqueça o óleo e adicione as sementes de cominho, gengibre e folhas de curry. Adicione os tomates e cozinhe 3—4 minutos.

c) Adicione a mistura de sambhar masala e a mistura de vegetais dal.

d) Ferva por um minuto e, em seguida, adicione tamarindo ou limão, açúcar mascavo e sal. Ferva por 2—mais 3 minutos. Decore com coco e coentro

# 96. Curry de batata, couve-flor e tomate

## Ingredientes:

- 2 batatas médias cortadas em cubos

- 1 1/2 xícaras de couve-flor, cortada em floretes

- 3 tomates r picados em pedaços grandes

- 1 colher de chá de óleo

- 1 colher de chá de sementes de mostarda

- 1 colher de chá de sementes de cominho

- 5—6 folhas de curry

- Beliscar cúrcuma—opcional

- 1 colher de chá de gengibre ralado

- Folhas de coentro fresco

- Coco fresco ou seco – ralado

## instruções

f) Aqueça o óleo e adicione as sementes de mostarda. Quando eles estourarem, adicione os temperos restantes e cozinhe por 30 segundos.

g) Adicione a couve-flor, o tomate e a batata mais um pouco de água, tampe e cozinhe, mexendo de vez em quando até ficar cozido. Adicione o coco, o sal e as folhas de coentro.

# 97. Curry de Abóbora

## Ingredientes:

- 3 xícaras de abóbora – cortada em 1—pedaços de 2 cm

- 2 colher de chá de óleo

- $\frac{1}{2}$ colher de chá de sementes de mostarda

- $\frac{1}{2}$ colher de chá de sementes de cominho

- Pinch asafetida

- 5—6 folhas de curry

- $\frac{1}{4}$ colher de chá de sementes de feno-grego

- 1/4 colher de chá de sementes de erva-doce

- 1/2 colher de chá de gengibre ralado

- 1 colher de chá de pasta de tamarindo

- 2 colheres de sopa—coco seco e moído

- 2 colheres de sopa de amendoim torrado

- Sal e açúcar mascavo ou mascavo a gosto

- Folhas de coentro fresco

## instruções

f)  Aqueça o azeite e adicione as sementes de mostarda. Quando estourar, adicione o cominho, o feno-grego, a asafetida, o gengibre, as folhas de curry e o funcho. Cozinhe por 30 segundos.

g)  Adicione a abóbora e o sal.

h)  Adicione a pasta de tamarindo ou água com a polpa dentro. Adicione o açúcar mascavo ou mascavo.

i)  Adicione o coco moído e o amendoim em pó. Cozinhe por mais alguns minutos.

j)  Adicione coentro fresco picado.

## 98. Legumes salteados

## Ingredientes:

- 3 xícaras de legumes picados

- 2 colheres de chá de gengibre ralado

- 1 colher de chá de óleo

- $\frac{1}{4}$ colher de chá de asafetida

- 1 colher de sopa de molho de soja

- Ervas frescas

## instruções

h) Aqueça o óleo em uma panela. Adicione a asafetida e o gengibre. Frite por 30 segundos.

i) Adicione os vegetais que precisam cozinhar por mais tempo, como batata e cenoura. Frite por um minuto e, em seguida, adicione um pouco de água, tampe e cozinhe até metade cozido.

j) Adicione os vegetais restantes, como tomate, milho doce e pimenta verde. Adicione o molho de soja, o açúcar e o sal. Tampe e cozinhe até quase cozinhar.

k) Retire a tampa e frite por mais alguns minutos.

l) Adicione as ervas frescas e deixe alguns minutos para que as ervas se misturem com os legumes.

# 99. Caril de Tomate

**Ingredientes:**

- 250g de tomates cortados em pedaços de 2,5 cm

- 1 colher de chá de óleo

- ½ colher de chá de sementes de mostarda

- ½ colher de chá de sementes de cominho

- 4—5 folhas de curry

- Beliscar cúrcuma

- Pinch asafetida

- 1 colher de chá de gengibre ralado

- 1 batata – cozida e amassada – opcional – para engrossar

- 1 a 2 colheres de sopa de amendoim torrado em pó

- 1 colher de coco seco—opcional

- Açúcar e sal a gosto

- Folhas de coentro

**instruções**

a) Aqueça o azeite e adicione as sementes de mostarda. Quando estourar adicione o cominho, folhas de curry, açafrão, asafetida e gengibre. Cozinhe por 30 segundos.

b) Adicione o tomate e continue mexendo de vez em quando até ficar cozido. A água pode ser adicionada para um curry mais líquido.

c) Acrescente o amendoim torrado, o açúcar, o sal e o coco se for usar, além do purê de batata. Cozinhe por mais um minuto. Sirva com folhas de coentro fresco.

# 100. Caril de cabaça branca

## Ingredientes:

- 250 gramas de cabaça branca
- 1 colher de chá de óleo
- $\frac{1}{2}$ colher de chá de sementes de mostarda
- $\frac{1}{2}$ colher de chá de sementes de cominho
- 4—5 folhas de curry
- Beliscar cúrcuma
- Pinch asafetida
- 1 colher de chá de gengibre ralado
- 1 a 2 colheres de sopa de amendoim torrado em pó
- Açúcar mascavo e sal a gosto

## instruções

- Aqueça o azeite e adicione as sementes de mostarda. Quando estourar adicione o cominho, folhas de curry, açafrão, asafetida e gengibre. Cozinhe por 30 segundos.

- Adicione a abóbora branca, um pouco de água, tampe e cozinhe, mexendo de vez em quando até ficar cozido.

- Adicione o amendoim torrado, o açúcar e o sal e cozinhe por mais um minuto.

# CONCLUSÃO

Quente, saudável e fácil de combinar, aconchegar-se com um desses pratos é tão gratificante. A principal diferença entre sopa e ensopados é a quantidade de líquido que eles contêm. Enquanto as sopas contêm líquido de cozimento suficiente para encher uma tigela e permitir que seus ingredientes flutuem, os ensopados contêm apenas um pouco de líquido de cozimento para ferver os outros ingredientes. O chili é considerado um tipo de ensopado devido ao seu baixo teor de líquido e geralmente é feito com chilis ou pimenta em pó.